鹽鄉與他們的世紀

A Literary of the Influential Figures
in history of the Saline Land

U0024776

鹽分地帶
歷史名人誌

謝玲玉 著

市長序

讓臺南被世界看到

　　文化是城市治理的根基，為政者莫不奉為施政首要工作，惟文化不比硬體建設，既無法一蹴可幾，亦無法立竿見影，必須一步一腳印的長期戮力，始能見其成效；大臺南在原縣市的文化基礎上奮力前進，迭有成績，已累積相當豐沛的文化能量，「大臺南文化叢書」的持續發展就是一例，連同本輯（第9輯）已出版72冊，這對本人所念茲在茲的「臺南學」研究，已奠定厚實基礎，令人欣慰，也對後續的文化發展充滿信心。

　　2024年「臺南400年紀念」，這對以文化立都的臺南市而言，別具歷史意義，值得喝采慶祝與宣傳發揚，適逢2020年底「臺灣府城城門及城垣」升格為國定古蹟，更增添了無比的歷史榮耀，也讓我們深感責任重大；值此千載難逢機會，本人特別提出「要讓臺南躍升為文化科技首府而被世界看到」的願景，營造更多的

城市文化亮點，讓臺南更具能見度而躍上世界一流城市舞臺，未來4年是關鍵期，臺南市政府已做好準備與規劃，正朝此邁進，並逐次落實完成。

「大臺南文化叢書」延續「南瀛文化叢書」而一路發展開來，以更有系統性與延續性的文化脈絡，為臺南這個古老城市開創文化新生命；感謝葉局長所帶領的文化局團隊及龐大的文史專家學者群，長期的努力與奉獻，唯有心繫文化使命感，始能在地深耕、執著經營。恭喜吳碧惠、謝國興、謝玲玉、楊宏裕及林世堅、李志祥及林淑娟、吳建昇等老師大作出版，大臺南的文化視野，也因為大家的參與而更壯麗，而更開闊。

臺南市長

黃偉哲

局長序

開拓更為寬廣的文化視野

　　「臺南學」系統性基礎文化庫的建構，一直是我們努力的目標，透過多元建置模式，一步一腳印，慢慢累積，聚沙成塔，「大臺南文化叢書」為其重要一員，在歷任市長支持指導、眾多文史學者共襄盛舉之下，縣市合併迄今10年，已逐漸顯現成績，豐碩成果正散發文化芳香。

　　「大臺南文化叢書」編輯方向，因應新文化政策與時俱進，本輯（第9輯）開始不再預設專題，由各文化層面挑選具前瞻性研究議題，再邀請專家學者進行廣度研究。本輯有六專書，作者與研究主題分別為：吳碧惠《送王迎福：臺南王船十三艙添載物件研究》、謝國興《禮祝下鄉：驅瘟逐疫祭典中的王府行儀─臺南、東港、漳州比較研究》、謝玲玉《鹽鄉與他們的世紀：鹽分地帶歷史名人誌》、楊宏裕及林世堅《溪說臺南：曾文溪的地景與人

文》、李志祥及許淑娟《從釘子到鐵剪刀：臺南壁鎖300年的華麗轉身》、吳建昇《驚濤戰府城：海賊王蔡牽在臺南》等，有信仰有人物，也有史地、建築，各以嚴謹的論述態度，清晰闡明每一專書的主題脈絡及其內容，可讀易讀，亦皆值得典藏參考，此為叢書一貫風格。本輯出版，將可再為「臺南學」開拓更為寬廣的文化視野。

　　2024年為「臺南400年紀念」，各項先期活動已陸續展開，黃偉哲市長更揭櫫「要讓臺南躍升為文化科技首府而被世界看到」的願景，文化局責無旁貸的戮力向前，已著手廣泛規劃相關文史議題，為即將到來的臺南400年注入活力，也為「臺南學」開創新機；我們都站在歷史的現場，躬逢其盛，僅此一回，期盼學者專家、文史同好一起接受挑戰。

臺南市政府文化局　局長

作者序

這片鹹土地

　　鹽分地帶，在臺灣是個獨特的名詞與地景。源自於這片鹽分地的人們，或是全國知名，或是地方聞人，其成長與拚鬥精神一樣精采。他們的成功祕訣，對社會的貢獻或生活的態度，一樣令人激賞，且值得學習與流傳。

　　除了文學之外，認識鹽分地帶，不能不提臺南幫。由於鹽鄉土地貧瘠，耕作不易，而且地勢低窪，遇雨成災。這樣的環境，激發了鹽鄉子弟出外謀生的動力，也孕育了臺灣產業與經濟要角「臺南幫」。

　　例如，1899出生於濱海舊頭港的吳三連——臺南幫大老，就曾在回憶錄中形容，這是一個「連埋死狗都不會發臭」的貧瘠地，「也許是這種沒指望的日子，逐漸促使村人有了遷徙的念頭。」

　　吳三連還曾提到，舊頭港曾來了地理師，建議舉村遷移到附

近地理很好的浮覆地，也就是新頭港，而後必定後代大富大貴。未料，初到新頭港就遇上梅雨成災，這樣的環境迫使年輕人出外打拚，又因為沒有退路，所以培養出堅毅不退縮的性格。臺南幫，這個來自貧瘠鹽分地帶的大家族，其崛起的故事，也不斷引起學術界的研究興趣。

此外，臺灣300多年的曬鹽歷史與此地風土息息相關。來自這片土地的人們，將家鄉鹹鹹的空氣，化做養料，在財經方向有臺南幫傳奇，也有其他在政商界留名的要角。

臺南市政府文化局近年來開始為臺南歷史名人列傳，「北門七子」以及第二代的林佛兒等人陸續獲列「文學類」名人。其中「臺南幫」大老吳修齊等人也已在歷史名人「經濟類」之列；吳三連、陳華宗等舉足輕重的「政治類」歷史名人亦出生於鹽鄉。

本書《鹽分地帶歷史名人誌》，由鹽分地帶出發，爬梳近幾十年來鹽鄉風土傳統與蛻變，同時介紹近百年來，與鹽鄉共存共榮的、在不同領域具代表性的政商人物臉譜，若有不足之處，還請讀者指正。

另外，臺南市政府文化局已著手規劃「臺南市歷史名人」專輯，從「藝術」、「經濟」、「學術」、「政治」、「醫療」、「宗教」等不同領域，即將全面且延續性的，呈現臺南歷史名人故事，這項計畫，著實令人期待。

謝玲玉

目次
Contents

第一章

鹽鄉風土與人文

➤ 多少鹽田兒女故事

臺灣338年的曬鹽史，於2002年5月畫下句點。這片鹽田地上，承載了鹽業發展史，淬鍊了鹽鄉子弟的堅韌性格，也孕育了美麗的人文花朵。

1665年（明永曆19年），明鄭參軍陳永華教民修築坵埕，重建瀨口鹽田，隨後又於永康洲仔尾闢建「洲仔尾鹽田」，在高雄港地區闢建「打狗鹽田」。《臺灣通史》記載，「永曆19年諮議參軍陳永華始教民曬鹽，擇地於天興之南，則今之瀨口也（今臺南市鹽埕地區）。其法築埕海隅，鋪以碎磚，引水於池，俟其發滷，潑而曬之，即日可成。」

「洲仔尾鹽田」於1726年分設「洲南」、「洲北」鹽場，1788

曬鹽女工扛著鹽擔的身影,只出現在體驗型鹽灘地了。

這片鹽分地上,蒜頭是主要農作物。圖為2003年學甲農村一隅,農婦正忙著剝蒜仁。

農婦蹲成一列忙播種,這是鹽分地的農村寫照。蒜頭播種俗稱「插蒜仔」。

年遷至七股鹽埕地仔並且援用舊名。1824年與1848年，「洲南」與「洲北」場先後又因水災毀損，「洲南」場遷往嘉義縣布袋，「洲北」場遷到北門舊埕（今北門鹽場場址）一帶繼續曬鹽。

❖ 村落地名，見證一頁頁曬鹽史

　　臺灣曬鹽業隨著時代的改變，歷經榮枯，許多與曬鹽業有關的地名，見證了一頁頁的曬鹽史。

　　到了戰後，全臺極盛時期，計有5,000多公頃曬鹽灘，人工採收的鹽場有鹿港、布袋、北門、七股、安順（安平）、鹽埕、灣裡、永安、竹滬等地。只是臺灣溼熱的氣候，曬鹽條件不佳，加上人工成本提高，鹽民老化及食品加工業外移，工業用鹽需求量減少，在1970年代，曬鹽機械化之後，傳統曬鹽場大量萎縮。

　　1980年代，西濱快速道路自鹽田土地劃過，曬鹽產業面臨另一次的震盪。北門鹽場所轄的蚵寮等鹽田逐一「收灘」。到了2001年，臺鹽公司加速民營化腳步，全臺僅存的北門和七股傳統曬鹽灘接續結束。臺鹽公司原計畫保留七股機械曬鹽灘，做為國人安全產量的生產地，但也在2002年5月12日匆匆收場。

　　七股鹽場，除了保留工場做為進口鹽的配送處之外，早已進入多角化經營，以因應時代需求。臺鹽另外也保留著有「南臺富士山」之稱的鹽田「雪山」，成為觀光重要地標，後來興建的臺灣鹽博物館，順勢將鹽業推向觀光休閒的新頁。

　　話說，臺灣最後一塊人工曬鹽灘，七股頂山，原屬於臺江內海——此地也是作家蔡素芬知名小說《鹽田兒女》所改編電視劇

的主要取景地。[1] 這個曬鹽村，正是她的外婆家，也是兒時生活中，鮮明的記憶。

清初，臺江內海陸化，先民入墾圍海築魚塭，養殖兼捕魚，成為自給自足的富裕漁村。當時的頂山究竟有多麼富裕？「即使在太平洋戰爭爆發時，臺灣人已到一窮二白的地步，頂山村民守著魚塭，尚可溫飽。」文史工作者許献平，在《七股鹽場口述歷史——鹽田曬玉細說從頭》冊中這麼形容。[2]

❖ 滄海桑田頂山曬鹽村

1937年，南日本製鹽株式會社要買下七股庄所有魚塭，開闢成曬鹽灘。村民只能默默接受或大舉外移，迄今臺南、高雄和臺中等地，都有頂山移民，最多曾有數百戶人家。

滄海桑田，頂山從養殖魚塭被迫圍海水築鹽田，村民從世代海耕的漁民變成曬耕的鹽民。但又隨著時代更迭，傳統鹽田一處一處地走入歷史，頂山也率先在2001年結束曬鹽。

「臺南縣，七股鄉，沿海小村落，海風也鹹，日頭也毒。」《鹽田兒女》序章開頭，簡潔而鮮明地標示了家鄉鹽地。蔡素芬曾在一場演講中表示，慶幸當時寫下了小說，電視也留下了影像，後來七股有了博物館（臺灣鹽博物館）。鹽的影響還在，若一書可留

1　蔡素芬1993年完成的《鹽田兒女》，獲聯合報第15屆小說獎長篇小說獎；1996年改編連續劇在公視播出，全劇在臺南與嘉義沿海等地拍攝，為臺灣鹽業史留下見證。蔡素芬，《鹽田兒女》（臺北：聯經出版，1995年）。

2　許献平，《七股鹽場口述歷史——鹽田曬玉細說從頭》（臺南：鹽鄉文史工作室，2018年）。

下恆久的記憶，就值得了。她同時肯定在地文史工作者陳丁林的《南瀛鹽業誌》完整保留了鹽鄉風貌與史料。

　　這是塊鹹土地，一鰲一畦的鹽田圍拱小村三面，站在村子口的廟堂往無垠的四周眺望，鹽田一方格一方格綿延到遠方的灰綠的樹林共天色……村子東方遠遠來了一條小河流，村民除了靠村外三個方向的鹽田吃飯外，這河是他們的主要糧食父母。[3]

　　文中「一條小河流」，指的應是頂山西南邊的西寮溪，出海口外便是漁民口中的「海仔」，也就是內海，七股潟湖。倚著出海口的西寮聚落，就像遺世獨立的小漁村，《鹽田兒女》小說中，人物的不撓精神與旅外奮鬥的生命韌性，也正是許多鹽漁之鄉子弟的故事縮影。

3　蔡素芬，《鹽田兒女》，頁1。

➢ 人文薪火不熄

　　人們眼中，貧瘠鹹澀的鹽分地帶已然是臺灣的文學重鎮。已故前輩作家郭水潭（1908~1995）曾論述，過去以佳里為中心的沿海地區，土地鹽分高，嘉南大圳開鑿以前，在行政劃分上稱為「鹽分地帶」。又這裡的文風，帶有濃厚鹽分氣質，日治時期就被文壇冠上「鹽分地帶文學」名號。

　　鹽分地帶傳統到現代的文學，近百年來，大致可分為「光復前」和「光復後」兩時期。根據鹽分地帶前輩作家林芳年研究，舊臺南縣西部沿海的北門、將軍、學甲、七股、佳里和西港，甚至延伸到舊臺南市[4]安平的鹽分地帶，原是文化沙漠，居民主要以曬鹽和捕魚為生。

❖ 鹽分地帶文學方興未艾

　　後來，住民漸漸產生求知慾，學甲、將軍各地詩社林立，也產生了不少傑出的傳統詩人。延續這股吟詩的傳統風氣，鹽分地帶新文學在1933年初具雛型。這一年，前輩作家吳新榮從日本返鄉懸壺濟世，結合郭水潭、徐清吉、王登山、莊培初等人籌組「佳里青風會」，鼓起新文學思想，但是受到日本政府監視等因素，同年就宣布解散。兩年之後，文聯佳里支部成立，鹽分地帶文學方興未艾。這時候的文學同仁，藉筆抒發愛國熱忱和民族情感，

4　原臺南縣與臺南市於2010年12月25日合併升格為直轄市「臺南市」。

位在佳里公園一隅的吳新榮紀念雕像，透露著文人醫師的氣質。

新思潮創作如雨後春筍。

　　吳新榮（1907~1967）是醫生，卻更擁有文人的浪漫情懷。回顧1932年，也就是日本昭和7年9月，吳新榮自日本回到故鄉，結婚不到一星期就偕新婚妻子雪芬搬到當時的佳里，接手叔父的醫館。翌年，即1934年10月，他廣邀地方上志同道合的青年合組「佳里青風會」，藉以鼓勵文藝思想，建設文化生活，並且以嚮導知識分子為目的。他還接受文友建議，以父親吳萱草的號「雅園」，將後側病室改闢為「小雅園」，做為聚會場所。

　　這群「鹽分地帶人士」隨後於1935年（日昭和10年）直接加入「臺灣文藝聯盟」，並於6月成立佳里支部。自此，小雅園訪客不斷，醫館一帶也儼然詩人之街。儘管聚會擺脫不了日本政府的監視，「鹽分地帶」文藝種子已經播撒開來。

1 臺灣鹽博物館裡，民眾聆聽解說。
牆上是「鹽田兒女」電視劇的拍攝
紀錄。

2 退休老鹽工擔任起博物館解說員，
小朋友聽得專注。

3 小朋友體驗扛鹽擔，還俏皮做出吃
力的模樣。

4 佇立於七股鹽分地上的臺灣鹽博物
館是鹽山造型。

5 2002年原七股鄉鹽埕村十棟寮的
鹽村景象。

6　2002 年七股最後的機器曬鹽風情。

7　2003 年的井仔腳瓦盤式鹽灘復育地。

8　2008 年的七股復育鹽灘地。

9　井仔腳保留的瓦盤式曬鹽灘。

10　2008 年的七股復育鹽灘地上，小朋友樂
　　在體驗中。

　　這一年的冬天，11月，雪芬產下一男嬰，吳新榮開始思考大家常問他的一句話：「你是醫生，還是詩人，還是政治家？」

　　他想，政治家是民眾造成的，詩人是天才造成的，他都不敢當。他固然不能不顧眾人之事，又不能不愛文明文化，但考量現實環境，最好還是以醫業為生計。[5]

　　戰後，文聯佳里支部便告解散，鹽分地帶文學活動也曾有中斷跡象，但文學薪火未曾熄滅。

　　儘管吳新榮自謙不是個好醫生，然而，一個要忙於行醫和鄉里大小事務的地方士紳，能竭盡所能出錢出力，推動文學，且又著作等身者，著實不易。除此之外，吳新榮晚年脫離政治，全心投入家鄉文獻，自1952年11月起，參加「臺南縣文獻委員」，並出任委員兼編纂組組長，展開田野調查和文獻編纂工程。他所主編的《南瀛文獻》於1953年3月創刊。

　　憑著熱忱和執著，他只是騎著一部老舊的摩托車，上山下海，堅毅地以8年的時間，幾乎走遍每個庄頭。昔日「臺南縣31鄉鎮市」都留下了他的足跡。子女經常見到他，戴著老花眼鏡，三更半夜振筆疾書，渾然忘我，直到1960年，10卷13冊的《臺南縣誌稿》纂成，為舊臺南縣各地方地名和文史，留下珍貴的資料。這時候的吳新榮已經蒼蒼白髮。

5　謝玲玉，《鹽分地帶藝文人物誌》（臺南：臺南縣政府，2006年），頁84。

❖ 鹽鄉前輩作家，承先啟後

戰後初期，鹽分地帶陸續有作家返回鹽鄉耕耘，唯國內政局變動，例如另一位前輩作家郭水潭許多日記、創作，就在沉重的陰影和壓力之下，付之一炬。郭水潭從此不過問政治，他除了燒掉手稿，創作能量也受到波及。

郭水潭之子郭昇平曾這麼說：「父親是個不折不扣的作家、詩人，除非沒有靈感，他沒有一天停止寫作。這樣的文人卻在改朝換代的夾縫中，背上黑鍋。」基於多種因素，此後的郭水潭，幾乎不寫作了。老年的郭水潭曾有一段時候，仍年年出席鹽分地帶文藝營，只是，他再也記不起什麼事來。這位文學前輩留下的這段文字，足可成為這片鹽鄉文學園地的美麗印記：

我們承先啟後，從祖先繼承的唯一遺產是跟貧困、苦難奮鬥到底的一把鋤頭。拿著這把光禿鋤頭，試圖在貧瘠的鹽分地帶綻開文化花朵，就是伙伴們愚不可及的妄想，也是由於這種愚蠢之故，雖然遭遇一番又一番乖戾命運纏綿，仍然為了一縷希望而挺住了。而且，深切品嘗著美麗友情。[6]

到了1976年，鄉土文學論戰四起，詩壇兩派壁壘分明，一派主張臺灣現代詩是從大陸移植而來；一派堅稱，臺灣早在日治時代就有現代詩作。當時，第二代詩人黃勁連、黃崇雄、吳鉤等人認為，文學首重交流，遂結合作家羊子喬等人促成了「南鯤鯓全國詩人聯誼會」。次年，熱心人士再度提議舉辦「南瀛文學營」，

6　謝玲玉，《鹽分地帶藝文人物誌》，頁145-146。

增加小說、散文，不分省籍派別，讓文學創作者齊聚一堂，發表高論。

兩屆的文學營獲得廣大回響，1979年，在北門南鯤鯓舉行的「鹽分地帶文藝營」應運而生。第二代承續前輩的鹽分精神，從自掏腰包，到私人報業、寺廟支持，從舉步維艱到大放異彩，這個文化搖籃人才輩出，創作深受全國文壇注目。這段時期，活躍在鹽分地帶的，還包括林清文之子詩人林佛兒、小說家黃武忠、楊青矗及以散文著稱的陳益裕、陳豔秋等，他們在評論上也屢有佳作。

1995年，鹽分地帶文藝營曾陷入陰霾且前途未卜之際，文藝營獲得「吳三連文教基金會」支持，重新開始。在郭水潭之後，鹽分地帶文學第二代文人大放異彩和饗導著新紀元。

筆者於2006年臺南縣政府出版的《南瀛鹽分地帶藝文人物誌》中，深度介紹過前輩作家「北門七才子」吳新榮、郭水潭等人，[7]同時書寫了當時仍活躍於文壇的第二代作家。令人遺憾的是，其中黃武忠於2005年病逝，陳益裕、林佛兒也先後離去，鹽分地帶文壇期待更多園丁傳承與開創。

臺南市政府文化局近年來開始為歷史名人列傳，其中「北門七子」以及第二代的林佛兒，陸續獲列「文學類」「臺南市歷史名

---

7 莊培初、吳新榮、徐清吉、郭水潭、王登山、林精鏐（林芳年）、林清文（其子為林佛兒）等人皆是日治時期鹽分地帶作家代表，除了王登山是北門人，其他六人都是佳里人。他們多是「臺灣文藝聯盟佳里支部」、「臺灣筆會」成員，經常在吳新榮的小雅園吟詩，國立臺南師範大學、中山大學教授龔顯宗昔日將他們合稱「北門七才子」或「北門七子」。

人」。

　　其實，這片鹽田地人文薈萃，綻開的不只是文學花朵，北門區同樣孕育許多全國知名藝術家，甚至是藝術行政或藝術教育領域之翹楚。獲列臺南市歷史名人的前輩藝術家——像是被稱為「臺灣樸素藝術先驅」的洪通、身兼學者與藝術家的「中研院士」陳奇祿，還有尚未獲列名單之中的「薪傳獎彩繪藝師」李漢卿等人，斯人已遠，然而，他們的影響力已如鹽地裡播撒的種子，在這片土地上悄悄萌芽。

➤ 臺南幫傳佳話

這個與鹽分地息息相關的響亮名號——「臺南幫」，不僅僅在臺灣經濟發展史上締造了一頁旅外奮鬥故事，也是臺南人津津樂道的傳奇。

臺南幫，被冠以「幫」字，在臺灣企業集團中算是個異數。臺南幫，象徵的是許多臺南幫出身的企業人士，對臺南幫有很強的向心力，不少知名企業主也都樂於向臺南幫學習。筆者主要著墨於臺南幫大老創業時代的社會樣貌，與讀者分享鹽分地帶，這些歷史人物的生命軌跡與勵志故事。

❖ 創業之路，篳路藍縷

臺南幫之稱，可以說源起於臺南幫的精神領袖吳三連，以及侯雨利、吳修齊與吳尊賢昆仲的時代。吳修齊昆仲和吳三連都出身學甲，向來尊稱吳三連為宗叔；出生北門的侯雨利還曾是吳修齊的老闆，也是臺南幫起家時的重要資金來源。後來，生於學甲的高清愿在統一企業集團總裁期間出任工業總會理事長，活躍於政商界。他們的創業之路，篳路藍縷，相互扶持而承先啟後。緊緊將他們聯繫在一起的，最重要的元素是，人親土親。

筆者於2004年著手《鹽分地帶人物》研究時，原規劃「臺南幫」人物篇章，當時並且得力於擔任南紡主任秘書的陳宏田先生（現任吳修齊基金會執行長）協助，彙整人物年表以及提供珍貴照片。陳執行長居間奔走，為筆者的文稿進行校訂。後來礙於篇

位在鹽鄉的古剎、南鯤鯓代天府香客大樓檳榔山莊，長年為鹽分地帶文藝營基地。

2007年的鹽分地帶文藝營開幕典禮。

時任營主任的吳樹民先生（圖右）邀請作家杜潘芳格上臺。

位在新營文化中心的圖書館架上，鹽分地帶作家的作品成為鮮明印記。

幅，專輯以《鹽分地帶藝文人物誌》出版。時空更迭，臺南幫大老先後辭世，令人不勝唏噓。然而，臺南幫人物的故事不只是鹽分地上，更是臺灣這片土地上，奮鬥的經典。

回顧2004年間，臺南幫「大老」精神正逐漸落在高清愿肩上，高清愿當年正致力於傳揚臺南幫精神。臺南幫這個以傳統產業起家的企業集團，能在高科技產業新興的時代穩健發展，最為人稱道的，可以說是「三好一公道」的企業精神。

在傳賢不傳子方面，那時期，臺南幫大家長吳修齊的4個兒子吳平治、吳平原、吳建德、吳威德，都在美國發展；5個女婿當中，除了莊南田任太子建設副董事長、統一人壽董事長張信雄任南臺技術學院校長之外，其餘都不在臺南幫服務。吳尊賢的5子1女，長子吳昭男是新和興海洋董事長，次子吳貞良定居美國，三子吳亮宏是環球水泥副董事長，四子吳春甫為坤慶紡織副董事長，唯一的女兒吳姿秀嫁給臺大醫生林凱南，老六吳英辰是萬通銀行世貿分行經理。

❖ 企業文化，傳賢不傳子

或許是吳尊賢不希望兒女從事生意這門苦差事，當然，更重要的是，要延續臺南幫傳賢不傳子的企業文化。吳尊賢的兒女很少在臺南幫主要企業裡擔任要職，他的事業重擔很早交給臺南幫的第二代子弟兵，1998年已將萬通銀行董事長一職，交給了高清愿。

高清愿生前曾公開對媒體說，臺南幫企業長期以來，是由吳

統一企業破土典禮上，手持鋤頭的吳修齊（右2）、高清愿（右1）與陳日三（左2）、邱茂德等人留下歷史身影。（圖片由楊明井提供）

吳修齊（左）、高清愿師徒與後進林蒼生（站立者）合影，圖為統一企業交棒精神的寫照。（圖片由楊明井提供）

　　修齊坐鎮臺南，吳尊賢指揮臺北，兩人南北配合得宜，且各事業主要都已交棒給臺南幫裡的第二代，鮮少交給自己的子女；吳尊賢先生辭世，對臺南幫的接班不會有影響。

　　至於高清愿，他從小就在臺南幫擔任「囡仔工」，自己就是典型的「夥計變頭家」，他的女兒及女婿一直沒有在臺南幫關係企業內任職。曾受注目的一次經驗是，1989年間，當時年滿60歲的高清愿要退下統一企業總經理職位時，業界對於接班人選有諸多傳聞。當時，高清愿為避免統一企業給人家族企業的印象，即宣布：不會有空降人選。後來，他果然拔擢了林蒼生。

　　吳修齊在《高清愿傳》中這麼說，臺南幫有一個普遍的看法，選有能力的人來做事，「沒有能力，即使是自己的兒子、宗族、親戚、兄弟或朋友，也不應占據位置。」這句話，給臺南幫企業文化下了鮮明的註腳。

　　直到2013年，統一集團由高清愿的女婿羅智先接下董座位

置，似乎可以說打破前輩傳賢不傳子的禪讓慣例；畢竟女婿是「半子」。不過，也有媒體解讀，高清愿畢竟沒有傳位給女兒，仍可視為維持了老傳統。

隨著時空變遷，令人好奇的是，臺南幫在歷史舞臺上，又將會持續以什麼樣的面貌呈現世人眼前呢？

❖ 鹽分地帶樸實精神，經營企業金頭腦

其實，談到鹽分地帶精神與臺南幫，亦不能忽略這個名字：翁川配。企業界一般也視翁川配為臺南幫一員。翁川配曾承繼侯雨利的紡織經驗，但與臺南幫的關係，應只能算是旁系血親，或說是「廣義的臺南幫」。

臺南幫大老侯雨利，很早就建議翁川配考師範學校，但做事勤快的翁川配，膽識過人，執意跟著侯雨利學做生意。他也憑著智慧創造命運，成為擁有數十億元資產的佳和實業董事長。

翁川配畢生堅持的經營理念是：「只有夕陽公司，沒有夕陽產業；正派經營，不炒作股票；靠勤儉、能力、眼光及判斷賺錢。」

❖ 幼年家境貧困，放棄升學

1928年，翁川配出生於學甲頭港，父親靠打零工維持家計，但祖父留下的債務由他父親三兄弟平分，使得貧困的家境雪上加霜。所以，翁川配直到9歲才入學。他在中洲國民學校畢業後，考入學甲國民學校高等科。

讀到高等科時，翁川配的父親告訴他：「靠筆尾吃飯，總是

比幹粗活來得好」，於是要他去唸師範學校，將來當老師。他是想升學，但家境這麼差，他一心只想幫父親還債，於是騙他父親說：沒興趣讀書。

於是，1944年，翁川配16歲就開始就業。他先在鐵工廠當學徒，這方面的技術，讓他往後在織布廠工作時受用不盡。

❖ 侯雨利關門弟子，一生命運轉折

翁川配的父親，當時就是在侯雨利的新復興織布廠做工。侯雨利知道他們父子為了是否升學一事，爭辯得厲害，於是對翁川配的父親說：「囡仔不唸書，不要太勉強，讓他來新復興吧！」

這一年是1946年，這時候的翁川配18歲，就這樣踏入紡織業，當學徒賺錢，同時替父親還債。成為侯雨利的關門弟子，改變了翁川配一生的命運。

翁川配憑著對機械的認識，加上工作認真，勤於研究。他嘗試在撚紗過程中放慢機器轉速，將手紡紗與蠶絲混紡，蠶絲還必須先浸水增加柔軟度，因而順利撚成。這麼一來，不但消化了庫存原料，品質不錯，利潤也高，這使得擅長於花樣設計的侯雨利對翁川配的表現，十分看重。

雖然早年失學，翁川配依舊愛讀書，而且很有研究精神。他早期就靠著在鐵工廠的經驗，幫新復興紡織解決許多機器方面的問題，並且獨排眾議，汰換織布機，增加產能。侯雨利對他頗為賞識。翁川配曾回憶20歲時，就想出去闖一闖，做個小生意，但這個想法遭到老闆娘一頓罵，勸他先好好磨練，才能打好創業基礎。

❖ **開發人造絲，創造臺灣創舉**

25歲那年，翁川配開發了仿絲布（人造絲），打造了臺灣的創舉。他到了26歲已是全公司最高薪的職員，28歲就當上新復興布行總經理。

到了1955年，臺南紡織成立，原在新復興的侯雨利長子侯永都轉往臺南紡織擔任副總經理，侯雨利開始向外投資，新復興就委由翁川配全權負責經營。當時新復興布廠有織布機102臺，在全省織布同業中算是數一數二的大廠，翁川配成為臺南幫有史以來，第一位專業經理人，獨當一面的經營新復興織布廠。這時，他才27歲。[8]

1959年新復興開始分批淘汰舊設備，並且引進先進的繡花機，改為高利潤的蕾絲布，到了1963年改為公司形式的「新復興實業股份有限公司」，仍由侯家獨資，並無員工入股制，但不影響其聘用翁川配為專業經理人。

民國50年後期的臺南幫，開始多角化經營，公司一家一家的成立，翁川配也有了積蓄，以及憑著一己之力獨立創業的企圖心。就在這時期，新復興的蕾絲繡花布獲利可觀而想擴大產能，翁川配認為繡花機屬於勞力密集，遲早要遭到市場淘汰而加以阻止；只是翁川配已有離開的想法，無法再為老東家的長遠發展謀畫與負責，希望侯家自己設法。

8　謝國興，《臺南幫：一個臺灣本土企業集團的興起》（臺北：遠流，1999年），頁120。

　　然而，侯家投資重心在其他事業，新復興守成即可，侯雨利亦堅不同意翁川配屢屢要求卸去新復興總經理的職務要求。

　　事實上，43歲時，翁川配已積極栽培幹部接班人。只是，誠如他曾經說的：「與我情同手足的侯永都說，要找比我頭腦好、能力強的不難，要找對公司忠誠度像我的，難找。」這讓翁川配感到很為難，於是一待就待到58歲，才真正離開老東家新復興，甚至還開了公司的先例，先行在外投資自己的事業。

　　1968年，張汝華即邀翁川配共同經營怡華毛紡廠，1972年間翁川配與親友組織佳和實業公司並掛名董事長，1975年再組和慶染料廠也擔任董事長。這時，侯雨利仍未同意翁川配離職。翁川配直到1980年，58歲時才交卸新復興總經理職務。

　　佳和實業股份有限公司創立於1972年12月，由翁川配、吳丁合、莊榮洲等人及親友共同投資4,000萬元所組成。翁川配擔任董事長，昔日新復興副總經理莊榮洲擔任佳和總經理，兩人都具備織布專業，生產居同業的領導地位並且快速成長、擴展，一路成為染整一貫的先進專業廠。

　　這期間，1983年，紡織業曾經面臨景氣幾乎跌到谷底的局面，翁川配很有遠見的決定擴充怡華的自動化設備，1993年以購併或合作的方式成立關係企業，朝多角化經營，使佳和實業成為一個跨紡織、營建、科技、金融、貿易、食品及化工共18家企業的集團，並成立「佳和集團總管理處」。

　　正當業界還在觀望時，翁川配就憑著膽識，花大錢自德國引進染整技術，還因此被同業笑傻。誰都沒料到，消費者的品味提

升，講究布料花色，佳和就因為早先一步擁有染整技術，布料可以賣到比別人高的價錢。

到了1998年為止，資本額增至55億元，主要產品包括先染織物，以格子布為代表，產量為遠東地區第一位；長纖織物，即仿絲布，為國內第一家以噴水式無梭織機量產者，在同業間居領先地位。[9]

翁川配大約在1980年，58歲時才真正離開新復興，他是如何在短短10多年間將佳和企業集團的事業擴增到18家，還跨足紡織、化工、食品、貿易、金融和科技業呢？他曾說，經營事業需要冒險精神，不是盲目投資；而要對市場深入瞭解、掌握技術、善用資金及風險評估。縝密規劃研究之後，決定投入了，就要有勤儉、誠信、務實的態度，全力以赴。

翁川配堅持正派經營和不斷技術升級，使得佳和成為國際級的專業織布廠，並曾躍居全世界第二大格子布廠，2002年5月股票上市。謝國興分析，佳和的獲利與發展，不全靠景氣的好壞，主要仍憑藉著技術與管理。

也難怪翁川配擁有「企業金頭腦」的美譽，而且，一直保有鹽分地帶樸實的精神，給人感覺很溫暖。

9　謝國興，《臺南幫：一個臺灣本土企業集團的興起》，頁154、161。

➢ 滄海桑田虱目魚之鄉

　　原臺南縣海岸線狹長、綿延不絕。阡陌縱橫的近海養殖魚塭，曾經滄海桑田，造就了虱目魚故鄉的美譽，也成就了無數白手起家的「海頭人」。隨著養殖漁業景氣不如以往，年輕人外流或返鄉力圖轉型的挑戰，迎面而來。

❖ 牽魚仔是一門學問

　　傳統捕撈虱目魚是一門學問。虱目魚每年約在清明節前後放養，盛夏時節捕撈。漁民在與商人敲定捕撈日子前夕，先駕著膠筏，拿著竹竿，猛打魚塭水，逼使魚兒驚慌奔竄而反胃，好排泄掉腹中物，這樣的魚貨，才沒有俗稱的「臭土味」，也是最新鮮美味的。

　　捕撈時，也就是俗稱的「牽魚仔」當天，漁家視魚兒大小，撰擇不同尺寸的漁網，由3、5人到10多人，從兩端撒下漁網，再慢慢收回，向同一端拉近。這時，另外有人乘膠筏，配合打水，讓魚兒向網裡奔。由於網中有魚，又有水的阻力，拉網的工作越來越沉重。直到漁網收回岸邊，一尾又一尾平均重約1臺斤的虱目魚落網，漁民得迅速自網中取魚，魚頭朝上，排放在魚籃裡過磅，隨後由魚販運走，才算大功告成。

　　北門沿海養殖漁業另一大特色，便是「弄花鮡」，也就是捕捉花鮡。這功夫堪稱絕活，也是奇觀。花鮡，是大彈塗魚的俗稱，早期民間視為食補珍品、宴席佳餚。隨著社會變遷，產業多樣化，

花魠的身價不算高不可攀，但「弄花魠」的好戲可就難得一見了。

花魠性喜生長在泥沼中，池水則以海水為主，水深只需約5公分，養殖10個月左右才可捕捉。正因為水淺，魚兒容易被白鷺鷥偷襲，花魠塭上必須架設網罩保護，這也成為漁村特殊景觀。

❖ 弄花魠、摸文蛤，多少漁家甘苦談

花魠的活動有如「狡兔有三窟」，捕捉靠功夫。傳統捕撈法，必須在捕撈前將池水放乾，以特製的小竹簍和竹子插在花魠的洞穴中，等上一段時間，待花魠鑽入簍內。由於小竹簍成本太高，漁村很早就改用便宜又耐用的塑膠製品。

捕捉花魠的辛苦，在於，漁民必須一直保持彎腰，雙腳踩在泥裡。捕捉人兒一腳踩住三窟中的「後洞」，雙手齊下，同時在另兩個洞穴中夾攻，才能順利捉滿簍。

摸文蛤，是既辛苦又能苦中作樂的活兒。溪邊、海口，野生的文蛤，曾讓多少窮人家滿餐一頓，讓多少孩子留下深刻回憶。但，河川汙染，野生文蛤不易找尋，要享受摸文蛤樂趣，只有到養殖區了。

北門沿海主要在海口淺灘放養文蛤。為讓都會人體驗漁業活動，漁家必須先行佈置，讓參與活動的人們感受「摸蛤兼洗褲」的野趣。

牽魚仔也好，摸文蛤也好，不同人看了、體驗了，有不同的感受。一位奶奶同她孫子說，「奶奶年輕時，日子就是這麼過來的。」許多旅外鹽鄉子弟，也正是帶著這股「海頭人」的堅韌生

命力，在各行各業拚出一片天地來。

❖ 虱目魚的成長，漁家子弟生活寫照

北門蚵寮漁村長大的耆老洪秋蓮，小時候就必須和家人分擔養殖工作，她對漁村、對養殖漁業，有股苦過來的心酸，更有濃得化不開的情感。

養殖環境還很落後的時代裡，虱目魚從育苗到放養、再到捕撈，一家大小都不得偷懶。漁家子弟該做的事，一年四季都忙不完。冬天或夏天，晴天或雨季，各有苦頭，但，沒有人敢埋怨或怠慢。偶爾，若有哪個孩子不識相或偷懶，總逃不過一陣痛打。事實上，窮人家子弟都知道，「一家人就靠這片魚塭食飯。」那種甜蜜的負荷，生長於經濟富裕環境的人們，或是擁有先進 AI 養殖系統（智慧養殖系統）的現代新漁民，恐怕難以想像。

洪秋蓮回憶兒時，平日裡總得跟著兄長去挑糞便，乘著膠筏，把做肥用的糞便倒入魚塭。那時，每個小孩都學會撐筏，也懂得在水岸種植海濱植物，做水土保持。

夏季裡，天熱且魚兒長得快，魚塭密度增高，魚兒容易因缺氧窒息。洪秋蓮常必須在天未亮時，就跟著爸爸巡視魚塭，看「水色」，也就是查看水質是否清澈。

冬天裡，孩子要幫忙父母搭建越冬茅草棚，讓魚兒禦寒。冬天是魚兒的瘦期，食慾差、抵抗力弱，碰上寒流或凍霜，魚命就難保，漁民得承受血本無歸的風險。

漁家更怕颱風和豪雨，不但村子要進水，魚塭土堤也會崩坍，

大人擔憂，小孩也怕怕。

養殖也有難得的漁閒時，大人會貼心製做陀螺等童玩給孩子開心、開心，那時的親子關係，濃淡合宜。當然，養殖現代化之後，有水車、有循環水可調節溫度和水質，養殖區環境也大幅改善，現代化養殖總算是省事多了。

❖ 沿海養殖漁業興衰

北門沿海養殖漁業遍及北門、學甲、將軍、佳里、西港和七股等地，其中以七股和北門為大宗。像是素人藝術家洪通所生長的蚵寮保安塭建於1952年，開發較早，又保存著紅磚水岸和綠草水路，代表著漁家人的奮鬥史。

保安塭是地方人士排除萬難爭取開發。外人眼中窮困潦倒的蚵寮人，用青春挑土做岸、用血汗引水養魚，許多人從手無寸鐵變成家有恆產。

養殖漁業整體環境提升與專業開發，曾給偏遠漁村帶來巨大改變：就業人口增加，漁家子孫都曾有世代相傳的想法。此外，漁村經濟改善了，生活品質提升，人們逐漸走出疾病和痛苦的陰霾；間接帶動了水產食品加工、水電、飼料、販賣等下游行業的興盛。

漸漸的，土堤改成了紅磚道和水泥路，魚苗有人工孵育，魚兒長得快又肥，接踵而至的，卻是生產過剩，魚養大了不見得賺錢。傳統養殖漁業風光不在，堅守家園的老漁家抱著「不養不賺錢、養了等賠錢」的心情；年輕人不再以繼承家業為榮，漁村人

口隨著凋零。

　　養殖漁業面臨困境，必須拓展附加價值，這價值不只是經濟面，還有文化內涵。

　　這片孕育許多歷史名人的地方，在外人印象中，是一片荒蕪鹽地。然而，滄海桑田，北門濱海地形地景隨時空蛻變，這兒擁有美麗的沙灘、黃昏、膠筏停泊港；有防風林、野鳥、海濱植物、紅樹林、潮間帶、溪口等天然美景。西濱公路沿途是古剎南鯤鯓代天府、臺灣烏腳病醫療紀念館、臺灣鹽博物館，在沿海人文發展歷程當中，也都成為鮮明的印記。

　　緊鄰保安魚塭、1986年開發完成的海埔新生地，一直積極經營新方向。退休老師，也是很早擔任海埔新生地管理委員會主任委員的海濤園主人林獻策曾說，北門沿海除了水產，還有豐富的自然、人文、觀光休憩和交通資源，符合推展觀光休閒漁業的條件。

　　行政院農委會擇定北門養殖漁業區為推展觀光休閒漁業的示範區，1992年，省漁業局委託臺大經濟研究所做的「我國觀光休閒漁業發展規畫之研究」，就已將北門海埔地列為當時優先發展據點，配合各級學校進行校外生態教學與各項漁業體驗活動。只是，漁村永續發展，是條漫漫長路。

➢ 回首烏腳病房

　　曾經，她最害怕在夜裡巡視病房。每每看到烏腳病患瞪大雙眼，困坐床緣，卻又怕驚擾別人而不敢放聲哀嚎，那痛楚模樣，讓她的心靈也承受著無盡的憂傷。

　　她是資深護理長李秀綢，曾服務於「臺南縣省立新營醫院北門烏腳病防治中心」將近20年，病患椎心刺骨之痛，由她娓娓道來，更讓人聞之鼻酸。

　　這片鹽分地帶，曾經因為烏腳病醫療史，而烙下深刻印記。生長於鹽鄉、擁有「烏腳病患之父」美譽的王金河醫師，曾獲醫療奉獻獎殊榮。1999年間，當時45歲的李秀綢護理長也獲得醫療奉獻獎表彰。兩人面對榮譽都謙卑的說，「這是團隊的榮譽，這份工作非個人的能力所能及。」

　　李秀綢也生長於鹽分地帶、烏腳病高流行區的學甲，從小就接觸過烏腳病駭人的故事。19歲那年她自護校畢業不久，就進入烏腳病防治中心工作，與工作夥伴劉麗珠和顏素芬形同職涯鐵三角。

❖ 烏腳病牽繫著多少人的命運

　　李秀綢和王醫師伉儷有段奇妙的緣份。李秀綢的導師王亞美正是王醫師的女兒，李秀綢因而與王醫師熟識，對烏腳病患從來就沒有排斥感。「也或許，更因為把王醫師當成學習對象，才激勵我對工作特別執著與投入。」她曾這樣告訴筆者。

逾半世紀以來，從邪門怪症到迷一樣的病因，烏腳病，不論是病患或醫護人員、研究學者，這一路走來，備極艱辛。烏腳病昔日被稱為「烏焦蛇」怪病，是末稍血管疾病，主要發生在臺灣西南沿海，患肢末端會變黑逐漸蔓延，最後會因外傷而導致潰瀾、壞疽、自動脫落。早期病患要面臨一再截肢命運，但此病很久以後才受到政府重視。後來醫療進步，患者人數才銳減。

救人無數的「北門鄉烏腳病防治中心」轉型為署立新營醫院北門分院。北門嶼教會旁的烏腳病房曾做為烏腳病醫療史紀念館籌備處，後來王金河醫師慨然將故居捐做臺灣烏腳病醫療紀念館，給鹽分地帶豎立了永恆的碑記。

昔日的烏腳病免費診所裡的玻璃罐裡，就擺滿了昔日截下的手、足，那時住院病患不是靠矮凳支撐行走，就是坐輪椅或爬行。這些玻璃罐已陳列在紀念館中。

……走進病房，一切一切皆令謝芸芬怵目驚心的。切斷小腿、大腿支著木架的患者在病房有限的空間一拐一拐的，躺在床上是切斷兩腿的，朝天矗立的斷腿，像兩根硬木頭。一個個默默地躺著，茫茫的兩眼空瞪著，生命對他們來說就是一齣悲劇，幸福永遠遙不可期，誰知，他們空瞪著兩眼是在想些什麼！看些什麼！[10]

北門嶼教會曾有位傳道連嫦美，她有感而發的說，在封閉社會中，他們曾被視為怪異的或被詛咒的一群，附近居民避之唯恐不及。

---

10 黃崇雄，〈烏腳病房〉，《烏腳病房》（臺南：臺南縣立文化中心，1996年），頁70。

　　1997年10月間黃崇雄小說改編電影《一隻鳥仔哮啾啾》，獲第42屆亞太影展最佳影片獎、和平貢獻獎、金馬影展評審團大獎、觀眾票選最佳影片、長春國際影展最佳男配角獎。電影在七股鹽山、沙汕和北門嶼教會等地拍攝，小主人翁「戀鐘仔」的形象深植人心。

❖　悲情歲月成了文學篇章

　　1943年出生於鹽分地帶將軍的作家黃崇雄，佳里國中退休歷史老師，曾獲教育部小說創作獎，著有小說集《一隻鳥仔哮啾啾》、《烏腳病房》。聽說，外籍評審看了電影「一隻鳥仔哮啾啾」也熱淚盈眶。

　　黃崇雄憶及10多歲時，第一次在南鯤鯓，看到雙腳焦黑潰爛的烏腳病患，他們痛徹心扉的哭喊，一直在他心中迴旋不去……。而小說取材自他在1950年代教過的學生「阿鐘仔」身上。

　　學習遲緩的「戀鐘仔」，父親在討海時喪命，母親離鄉去跳脫衣舞維生。「戀鐘仔」和祖父相依為命，無奈造化弄人，祖父罹患烏腳病，雙腿先後截肢，家計就靠「戀鐘仔」賣枝仔冰來維持。「戀鐘仔」為讓祖父的病快好起來，竟然偷了水龍頭，黏到牆上，以為這樣祖父就有乾淨的水喝。他那疼惜祖父的善良傻勁及求生的勇氣，讓人為之鼻酸。後來，「戀鐘仔」為了祖父想吃蚵仔，就在偷掘蚵仔時被人發現，一時緊張竟失足溺斃，留下祖父孤苦一人，哀鳴……。

　　烏腳病曾奪走許多人命，更多人飽受截肢和家庭破碎之痛，

長久以來成為沿海人的惡夢。東京神學大學英籍神學家佛蘭克林博士訪視病患時，目睹病患發病時的椎心刺骨，以及遭家人遺棄、被親友疏離的悲涼。他當時說：「如果耶穌在世，祂來臺灣，一定先到南臺灣照顧和安慰烏腳病人。」這聲音，感動了臺灣神學院院長孫雅各的太太孫理蓮，她於是在1960年5月23日創立了烏腳病免費診所。

❖　一頁烏腳病醫療史

　　烏腳病是在1956年以後才開始受到重視。當初的流行病學調查認為，可能是居民飲用的地下水含砷量太高所致，民意代表開始建議改善當地飲用水。

　　基督教芥菜種會在北門設立的烏腳病診所，由王金河、謝緯醫師主持，王金河和太太王毛碧梅還開創了草蓆工場，訓練病患技能和求生能力，帶給無數病患希望和信心。

　　烏腳病蔓延也引起政府重視。1970年，省府首度撥款補助烏腳病北門診所，同年頒訂「臺灣省烏腳病防治計畫」，1971年在免費診所興建了病房一棟，白色迴廊，風格素雅的建築被在地人稱為「白宮」（今日紀念館後方）。省府接著於1972年成立烏腳病防治小組，積極投入研究和環境改善。但直到1973年，當時任行政院長的故總統蔣經國先生巡視烏腳病診所時，親眼見到病患的苦難，因而指示成立研究小組及興建烏腳病防治中心，交辦由政府照顧病患。

　　1977年11月，北門烏腳病防治中心成立為正式單位起，曾

先後隸屬於省立臺南醫院、嘉義醫院，1992年10月改由省立新營醫院監督和管理。後來烏腳病防治中心所在地，改為署立新營醫院[11]北門分院。

李秀綢護理長憶起初到防治中心，正當花樣年華，每天看到的場景卻彷彿是人間煉獄。曾有一位少婦截肢前，竟因不堪痛苦在院內自殺。李秀綢不知如何才能幫助病患緩解傷痛而一度感到挫折。

那究竟是怎樣的痛楚？曾有病患告訴筆者：那種痛是……地上有縫也要往下鑽，屋頂有洞也要往上攀哪！冬季病發旺季，每到夜裡，病患緊抓著病床欄杆，低吟著或咬牙蜷縮著身子，護理人員無法減輕他們身上的痛，只有盡量和他們講講話，轉移注意力。

1981年起，駐院的王銘玉醫師主張「烏腳病醫療便當雖免費，需要的人不能來拿，也是白費」，於是展開巡迴醫療、定點醫療和家庭訪視。李秀綢挑起統籌規畫和先驅者，工作常常超出護士職責。尤其是，家庭訪視時，一幕幕家庭悲劇上演著。許多病患家庭經濟困厄，子女必須出外工作，病患吃飯、便溺都在床鋪上。他們除了截肢傷口，還有因傷口潰爛而惡臭一身的，李秀綢都細心地幫忙照護。

1999年，烏腳病防治中心結束階段性任務，改制並改建省立新營醫院北門分院時，李秀綢仍循例隨醫師巡迴醫療。這份工作，

11　新營醫院已改名「衛福部新營醫院」。

有時像打雜、有時像救濟、有時兼看護，她心想：只要能減輕病患痛苦於一絲一毫，直到烏腳病真的消失，那麼，只要她在工作崗位上一天，都會堅持下去。

時空已經改變，抱病大半輩子的烏腳病老病患，輾轉住過前述的各醫療單位。曾享受過基督之愛、家庭之情和政府之恩的老病患，每每想起自己薄命的一生，和坎坷的路程，仍不免要淚水盈眶。

謝宜和王醫師是東京醫科畢業的同班同學，回臺灣後王醫師一直在故鄉北門行醫，基督教芥菜種會建立烏腳病醫院後，王醫師義不容辭擔任義務醫生的工作，謝宜擔任外科手術……王醫師的太太是個好心腸的人，人長得慈祥和藹，心寬體胖，天天幫阿蓉為患者打針、敷藥，所有烏腳病患深深愛著他們夫婦，在北門街上，人人稱他們夫婦是烏腳病患的父母。[12]

黃崇雄另一部小說〈烏腳病房〉，以悲憫的筆調，訴說那個烏腳病蔓延的年代，文中交織著一群醫護人員義無反顧的人道故事，人物與場景虛實交錯，情節鋪排似乎是在向所有曾在烏腳病醫療史上付出心血的醫護人員，獻上無上的敬意。

---

12 黃崇雄，〈烏腳病房〉，《烏腳病房》，頁59。小說中主要人物原形為王金河醫師伉儷。

第二章

鹽地裡的臺南幫人與事

➤ 舊頭港外，烏鴉落洋穴之說

臺南幫大老吳三連曾形容家鄉舊頭港仔，是個「埋死狗也不爛（不發臭）」的鹽分地。吳修齊也曾在回憶錄中提到過，舊頭港曾來了個地理師說：舊頭港仔1公里外的曠地，乃烏鴉落洋穴地，建議他們舉村遷移到附近地理很好的浮覆地，也就是新頭港仔[1]，必定後代大富大貴。

---

[1] 學甲頭港里共有舊頭港仔、新頭港仔、南筏仔頭、北筏仔頭、西邊寮等5個部落，其中新頭港仔為百年前吳姓子孫從舊頭港仔分支遷徙而來。2006年2月1日臺南市進行行政區域調整，原頭港里與光華里合併為光華里。

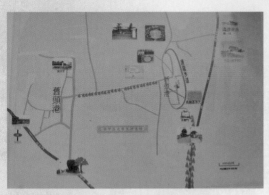

新頭港社區外的公佈欄上,導覽圖標示著「頭港仔」重要人文地標。

新頭港聚落護龍外,有村落碑記和導覽圖。

中洲社區在新頭港外豎立的景點牌示,已經斑駁。

導覽圖局部放大圖找尋臺南幫名人故居地標。
①鎮安宮　　　　　　　②光覽祖紀念館
③吳修齊與吳尊賢故居　⑤吳三連故居
⑥龔聯禎故居　　　　　⑦候車亭
⑧忠神公廟　　　　　　⑨竹篙山靈骨寶塔
⑩護龍步道

❖ 「好地理」遇雨成災

不過，最初幾年，剛遷入的「好地理」、新頭港部落因地勢低窪，遇雨成災。這樣的環境，迫使年輕人前仆後繼，紛紛出外打拚。或許，正因為沒有退路，反倒培養了鹽分地的子弟，過人的堅毅特質、遇難事不退縮的性格。這樣的奮鬥精神，成為造就「臺南幫」傳奇的重要元素，而臺南幫，這個來自舊臺南縣貧瘠鹽分地帶，大家族崛起的故事，也不斷引起學術界的研究興趣。

中研院臺灣史研究所研究員謝國興先生，曾就社會經濟學的角度研究臺南幫，他的研究，後來由遠流出版為《臺南幫：一個臺灣本土企業集團的興起》，本書成為許多人研究臺南幫的重要參考。而林瑋嬪教授（現任臺灣大學人類學系專任教授）也曾被新頭港特殊地景深深吸引。

筆者於學生時期認識了進駐故鄉鹽水，進行蜂炮研究的林瑋嬪。2005年間筆者訪談時，她任職臺大人類學系助理教授，甫完成吳修齊故鄉「（原）臺南縣學甲鎮新頭港聚落地景變遷」研究。[2] 她從人類學的角度，探究頭港聚落特殊地景的形成，從中發現，「新頭港是烏鴉落洋穴」的古老傳說、宗教信仰與鄉親的凝聚力，是建構頭港地景的重要因素。這當中，又以情感的連結與歷史地理變遷，為特別動人的元素。

學甲新頭港，只有30多戶人家。這個人口嚴重外流的小聚

2　林瑋嬪論文「『風水寶地』的出現——移民與地方再造」，見刊於黃應貴主編，《空間與文化場域：空間之意象、實踐與社會的生產》（臺北：漢學研究中心，2009年），頁299~334。

落，卻是政商聞人吳三連、龔聯禎、吳修齊昆仲等人的出生地。他們在事業有成之後，相繼返鄉翻修祖厝，並且都依循祖先的精神，房子全坐東朝西，為的是要背向不遠處的公墓，小聚落後方並有護龍相隔陰陽。

這樣的坐向傳統，早在1902年間，吳修齊的祖父吳崑崙自舊頭港遷入新頭港時，就是如此。吳崑崙就是個地理師。

❖ 烏鴉落洋穴傳說已久

新頭港社區在村落入口處設牌，寫著「臺南幫的老厝，烏鴉落洋穴」。烏鴉落洋穴的傳說已久，真正出現在文獻上，是吳修齊的《七十回憶》書中敘述：一名泉州地理師說，舊頭港1公里外的曠地乃烏鴉落洋穴地，遷居之後，後代子孫必會大發達，最前排先發達，然後循序興旺，後排最慢發達，一發達則其大無窮。

迷信或巧合呢？歷經物換星移，第一、第二排住戶依序都事業有成；第三排的龔聯禎以承包製糖會社工程而發達，後來創立新生製麻廠、天仁遊樂事業風光一時。最後排住戶吳三連在政界

1975年竣工的吳氏宗祠「光覽祖紀念館」外觀。2005筆者首度到訪時，耆老吳清河領著筆者探訪宗祠文物。

嶄露頭角；吳修齊、吳尊賢祖厝正與吳三連同在一排。

　　林瑋嬪說，誠如吳修齊曾說的：「信不信由你」烏鴉落洋穴之說，確實耐人尋味，但可以肯定的是，吳家得力於侯雨利、吳三連兩位前輩並且掌握住好時機，而在紡織業起家。特別是，鹽分地帶的堅毅精神與鄉親彼此之間相互提攜，進而轉換為愛鄉的情感與凝聚力，召喚著他們，相繼返鄉重修祖厝而光耀門眉。吳修齊家族後來也重修祖厝並捐做吳氏宗祠。

❖ 貧瘠地上孕育的堅毅性格

　　話說臺南幫精神領袖吳三連，昔日報界敬稱的「三老」，就是生於這個貧瘠鹽分地，長於動亂年代，成就了不凡的事業和功名。[3]

吳三連位在新頭港的故居，文化局掛上名人故居銜牌，故居外牆洗石子，呈現濃濃古風。

吳三連位在新頭港的故居平時有人員管理。遠望質樸的民宅古厝，彷彿歲月停格了。

3　吳三連在臺南歷史名人錄中為「政治類」，本書於第四章第三節「吳三連，從布衣到公卿，跨時代的政治人物」中詳述其政治生涯；本章節以他身為臺南幫精神領袖為敘述重點。

　　吳三連的兒時記憶，是這片鹹土地拓荒時期的淒苦生活縮影，鹽鄉子弟向外拚搏的動力；而他往後的生涯發展與處世風格，也可以說是「臺南幫精神」的寫照。

　　1899年（日本明治32年），吳三連出生於舊頭港仔，一個貧瘠偏遠又落後的小聚落，往西3公里處就是鹹溼的海岸，可耕土地十分有限，居民多以養魚、曬鹽或出海捕魚為生。年輕一輩長大之後的夢想，就是脫離這個兒時夢魘，赤手空拳到外地去打拚。

　　離鄉子弟曾經在這塊土地上培育了剛毅、不向環境屈服的性格，漸漸在外縣市打出一片天下。吳三連血液裡，正流著同樣的毅力與執著，簡樸與廉潔的生命動力。

　　吳三連的祖先來自福建晉江縣水頭鄉。吳家先祖遷臺後，也多以打魚和行船為生，直到他父親吳徙轉為木匠，但仍難讓一家數口得到溫飽。

　　他在口述回憶中也是這麼說的：「也許這種沒有指望的日子，逐漸促使村人有了遷徙的念頭。」[4]大約在1902、1903年之間，村人聽了地理師建議，決定舉村遷往「好地理」。

　　是否真有「地理」，吳三連在《吳三連回憶錄》書中表示，無法證實。但那時，吳三連大約4、5歲，還留著長髮辮，見村人合力遷移屋舍，再一一修繕，那情景，他記得很清楚。就這樣，舉村從「舊頭港仔」遷到「新頭港仔」。不過，最初幾年，村人失望了。因為新村落地勢低窪，每年七、八月颱風季節必定大水災，

4　吳三連口述、吳豐山撰記，《吳三連回憶錄》（臺北市：自立晚報，1991年），頁9。

村內總是滿目瘡痍，村人幾乎都是在防洪和重整家園中度過。

為了貼補家用，他的母親必須養豬賺錢，有時豬隻亂竄，糟蹋別人農作物，而慘遭陷阱；母親也經常誤入陷阱，眼見四下無人，真是叫天天不應，叫地地不靈！

❖ 淒苦童年，永生難忘

更慘的是，有一年，辛苦養大的豬得了豬瘟，全都死光光。很能吃苦的母親也不禁悲從中來，嚎啕大哭。

他永遠無法忘記，幼年穿著破棉襖，迎著刺骨的季風，一個人站在村外等母親回來的淒涼景象。他的童年，也就是在抓魚、摸田螺、拾枯枝、撿甘薯中度過。運氣好，多逮幾條魚，不但能賣錢，還能加菜。這樣的家境，粗茶甘薯簽或吃醃死豬肉，是家常便飯；一家子擠通鋪或徒步四、五十分鐘上學的刻苦童年，畢生難忘。

吳三連在回憶錄說，貧苦的童年對他人格和情感有三大影響：一、對母親無窮的思念。二、一輩子也不敢嫌棄什麼東西難下嚥。三、對農家的疾苦，感同身受。[5]

而日後不同階段教育的啟迪，也給吳三連奠立了事業與人生的基礎。兒時，當地最近的公學校設在學甲庄（今學甲區）。以他的家境，若要多花錢供他上學，實在有困難。儘管家中數代都目不識丁，他父親也常說，「至少要認幾個字，官文書下來時，也

5　吳三連口述、吳豐山撰記，《吳三連回憶錄》，頁14。

要曉得到底官府是要殺頭、還是賞賜！」不過，他父親反對他上公學校，直到世交的「龍叔公」一再勸說，才說服父親答應。

好不容易有上學的機會，他加倍用功，功課很好而且不斷跳級，6年的公學校，他只花4年就學成畢業了。此際，他的胞兄學做木匠已經「出師」，家庭收入增加，他於是選擇自費的國語部，也順利考上臺北國語學校。4年的國語學校畢業後，他本可找到一份薪水優渥的工作和社會地位，只是，「鹽分地帶」的性格已經成熟，又因為好友黃逢平的哥哥黃逢春，是由板橋林本源家族支助獎學金赴日留學的，他也受到鼓舞，於是向林本源家報名並且錄取了。

❖ 赴笈東瀛，人生轉折

家裡經濟困難，沒有擊垮他的決心。1919年（日大正8年），他離鄉背井，赴日求學，也迎向見證大時代的曲折人生。

時值亂世，1925年（日大正14年）27歲的他，在日本東京一橋商科大學4年畢業後，選擇投入經濟記者工作。他曾回憶，報社的人情味是濃厚的，在他三餐不繼，生活陷入窘境時，給予熱情接濟與支援。

直到1932年（日昭和7年）《臺灣新民報》發行日刊，抗日同志力邀他返臺幫忙，他才收拾行囊，回到睽違14年的臺灣。這時經好友介紹認識了臺南米商李兆偉之女李菱。畢業於淡水高女的李菱，賢淑聰穎，對婚姻自有看法，寧可選擇貧窮卻肯吃苦的吳三連，願意和他一輩子同甘共苦。兩人可謂「一見鍾情」，於

1927年在臺南結婚後，定居日本，直到1932年（日昭和7年）返臺主持《臺灣新民報》時，已有長子逸民、長女梨雪同行。夫婦兩共育有5男2女，分別還有得民、凱民、俊民、樹民和婉如，婉如5歲時不幸病逝。

吳尊賢曾經回憶說，「三連叔」卸任臺北市長後就遷離市長公館，住到臨沂街27巷的小屋子裡。他有一天去拜訪時，偶然間看到「三連嬸」穿著破襪子在榻榻米上走動，這才發覺「三連叔」夫婦這樣過著清苦生活。又從「三連叔」的好同學黃逢平那兒不只一次聽聞：「吳三連能保持清廉，不貪不取，是因為有極賢慧的吳夫人。如果吳夫人是個愛慕虛榮又不能刻苦持家，且天天吵著要錢的人，做先生的一定會受影響。」

「三老」對賢內助跟著吃苦大半輩子，點滴在心頭。越老越風趣的「三老」在1977年結婚50週年慶祝會時，有段感性的告白：

我與內人是50年前的今天在臺南公會堂結婚。我內人是所謂「府城」的臺南市人，我則是道道地地的「草地人」，我與內人相比，實有不配之感。不過，話說回來，我這個草地人總也算是到過東京留學，讀到大學畢業。因此，似乎也抵得過去。⋯⋯過去50年間的夫婦生活，我可以向各位說：非常圓滿幸福，同時我的子女也很孝順，我非常滿意。不過，50年中，也充滿辛酸苦楚。——當年的吳某某赤貧如洗。那個時代，媒人提親時，人家都說「這個窮鬼子，窮書生，不像樣，嫁給他

怎麼可以？」那時代，讀了書的小姐或大家閨秀都意向嫁給醫學校畢業生……令我感動的是，我內人及其家人並不以我窮而嫌棄……。

1945年，終於戰爭結束了。由於數千名滯留華北的臺灣人都身無分文，沒有舟車可以回鄉。吳三連四處募款協助同鄉返臺，直到戰後1年多之後，他才舉家回到臺灣，在臺北臨沂街租了一戶日式房子，勉強度日。過了半年決定回鄉參選國大代表，從此走上政治舞臺。

❖ 「臺南幫」三字，是同鄉感情發揮的結果

往後的人生，吳三連更深刻感受到同鄉的情義，並且視同鄉情感為生命中寶貴的情操。他口述回憶錄說，「今天很多人口頭上提到『臺南幫』，狹義也好，廣義也好，『臺南幫』這三個字都是同鄉感情發揮的結果」；「也許，做為一個貧瘠地區的子弟，對於同鄉觀念會有特別的發揮也說不定。」[6]

1950初春，總統召見，他奉命接任臺北市官派市長，11月辭官參加第一屆民選臺北市長當選，翌年2月1日就職。1954年6月2日離開臺北市政府，轉任省議員，3年之後又當選連任，到了1959年臨時省議會奉令更名為臺灣省議會，臨時省議員順理成章成了第一屆省議員。1960年，兩屆省議員就要屆滿，他決定不再

6　吳三連口述、吳豐山撰記，《吳三連回憶錄》，頁200。

參選。原因是，他已感受到選風日益敗壞，自己也已揹負過多人情債，加上體力也已不堪負荷。

❖ 抓住經濟發展脈動，受推崇「臺南幫」精神領袖

這時候，他的族人已紛紛在外地求發展，克勤克儉，吃苦耐勞締造佳績。他認為，他的宗侄吳修齊和吳尊賢兄弟經營布業成功，是最典型的代表。他也在後進的牽引下，邁入人生新紀元，真正回歸經商本行，他也被尊崇為「臺南幫」的精神領袖。

1954年春天，他剛要轉任省議會服務時，吳修齊、吳尊賢兄弟等人商量要籌組紡紗廠，直到8月奉准設廠，公推他擔任董事長，侯雨利、吳尊賢任常務董事，吳修齊當總經理。國內首創的三班制，就是由吳修齊開始。年輕人的智慧與衝勁深得吳三連的信任。

人稱「三老」的吳三連為官清廉，兩袖清風，在商界馬上得到檢驗。他雖被公推為董事長，依照公司規定，他也必須籌出1萬元股資。當時1萬元不是小數目，他實在湊不出來，最後還是得靠借貸。

臺南紡織經營非常成功，規模和資金逐年擴大。1959年，侯雨利提議設水泥廠，以滿足正在建設起步的臺灣市場需求。環球水泥1960年3月成立，仍公推「三老」為董事長。接著是陳逢源等人籌設大臺北瓦斯事業，1964年5月15日核准，「三老」任董事長。

加上對玻璃、塑膠、汽車、輪胎等行業的投資，吳三連回臺

新頭港聚落外的重要地標:吉慶門。

護龍為聚落隔著兩個世界。

環繞新頭港聚落的護龍,具有地理上的
重要意義。

近幾年社區小旅行盛行,其中不乏為了臺南幫名
人而來,甚至也有對靈穴之說感到好奇的朝聖
客。小小新頭港聚落常有遊覽車團體旅遊,屢見
參觀民眾擅入庭園或吵嚷不已,社區為了維護安
寧,商議決定豎起「遊客公約」看板。

定居的大半時間都用在公司開董監事會上。1959年他因緣際會重作報人，事業上一半時間則是用在經營《自立晚報》以及關懷臺灣人文與社會發展。自立報系於1969年起支持開辦的「鹽分地帶文藝營」因報系改組，1995年第17屆起轉由「吳三連臺灣史料文教基金會」接手，而重現新風貌。

　　一般認為，吳三連畢生傳奇般的故事和數不盡的頭銜，都難以道盡他卓絕的精神。他曾說，「我兩手空空的來到人間，終亦將雙手空空的告別人間」，卻給後人留下無形的寶貴遺產，那正是：曾經和臺灣人並肩而戰。

有此一説……

　　2020年初春，筆者再次走訪新頭港，與10多年前相比，昔日中洲社區豎立的「烏鴉落洋穴」解說牌貼字有些剝落了，一旁多了「遊客公約」看板。更鮮明的改變，應是多處名人故居又翻修了。從龔聯禎故居到後落的吳家古厝都掛上了「臺南歷史名人故居」銜牌，聚落裡許多民宅也有了新面貌。有意思的是，古厝翻修多能參照閩南式建築形式，即使新樓房建築也不至於顯得突兀。

　　一入庄，較顯眼的是一處融合現代建材與傳統閩南式建築風格的樓閣，彩繪、木構造都十分講究。正巧主人在澆花，主人是年約四旬的王朝睦先生，返鄉從事臺灣鯛養殖已有17年了，他是為了照顧年邁父親才攜眷返鄉，並且歷時多年完成老家重建。他在牆面上特意書寫了感謝龔聯禎的字樣，要留待

子孫銘記。他告訴筆者，龔聯禎事業有成之後，十分照顧鄉親，像是他現在的住居地原是龔家的地產。昔日王家經濟條件差，龔家同意等到王家有錢了再買下來的，他王家人感念至今。

聊起龔聯禎，王朝睦說，耆老常提起，龔老自幼外出打拚，返鄉後在新頭港修廟還蓋了俗稱「部落」的會堂供耆老開會，晚上就做為學堂，還拜託聚落裡的孩子都來讀書。龔老深知，窮鄉子弟唯一出路就是讀書。

提到了庄廟，頭港鎮安宮，主祀五府千歲，王朝睦依據耆老流傳的說法，新頭港大約在1901年聚庄，民國50、60年間是鎮安宮王爺指示村民，合力以埤塘土壤蓋起護龍，阻隔村落東邊外的墓園，後來又修築牌樓。聚落的房子也是依照王爺指示，坐東朝西，直到今日，庄民奉行不悖，並且蔚為聚落特色。

侯雨利
臺南幫元老，洞察機先寫傳奇

> 侯雨利（1900～1989）
> ────────────────
> 2013年獲列經濟類臺南歷史名人
> 2015年二重港故居掛牌

　　侯雨利，臺南幫元老，又有臺南幫祖師爺之稱，1970年代曾名列臺灣首富，與王永慶齊名，而有「南侯北王」稱號。

　　臺南幫早期就是由布商侯雨利為核心，所發展出來的企業群，事業包括臺南紡織、太子建設、統一企業、環球水泥、坤慶紡織、三新紡織，後續發展還有萬通銀行、萬通票券等金融、文教事業。

　　臺南幫創立時，最大股東即是侯雨利。一直到後來，臺南幫的主要股東成員除了侯家，還有徒弟吳修齊等三兄弟、再傳弟子高清愿及鄭高輝等，股東成員相當多。甚至侯雨利的「關門弟子」──佳和集團翁川配也被視為臺南幫的「外圍企業」，也就是廣義的臺南幫。

　　從早期北部的吳尊賢，南部的吳修齊、高清愿、鄭高輝等，2000年以來，臺南幫中生代漸漸躍居檯面，從侯博明接掌臺南紡織，林蒼生接任統一總裁，羅智先升任統一執行副總之後，給人保守印象的「臺南幫」，正加速著企業傳承。

南紡標誌。（圖片
由南紡提供）

1985年12月，南紡30
週年，吳三連董事長（上
圖左2）接受侯雨利常務
董事，代表全體同仁呈
獻紀念銀盤。副董事長
吳修齊（下圖左2）接受
吳尊賢常務董事，代表
全體同仁呈獻紀念銀盤。
圖右1為鄭高輝總經理。
（圖片由南紡提供）

❖ 侯吳合作，臺南幫重要起點

　　吳修齊早年在侯家做囡仔工，後來侯家、吳三連及吳修齊三
人為主體成立了南紡，是臺南幫最早的事業。當時吳修齊為南紡
的第一任總經理、侯雨利之子侯永都為南紡的副總經理，高清愿
擔任南紡業務經理。

　　臺南幫的眾多企業，都藉由原始股東的不斷投資、設立。臺
南幫各大股東都各有山頭，但大體而言，侯家依舊是臺南幫眾多

侯雨利位在二重港的
故居，紅磚民宅十分
古樸。

紅磚格子窗和舊式
窗遮，保留完整。

關係企業的最大股東。

　　侯家第三代除了侯博明之外，其餘子孫多半以純粹的投資人
自居，極少露面。事實上，侯家人在臺南幫的事業經營中，相當
尊重臺南幫兩大核心人物：高清愿與鄭高輝，因此很少介入經營，
作風也很低調。這種風格，自侯雨利時期延續至第三代，並沒有
太大的改變。

　　謝國興所著的《臺南幫》書中提到，臺南幫的形成，侯、吳

兩家合作共營事業，是一個重要起點。

侯家祖先來自中國福建泉州南安縣，吳家先民出自晉江縣，兩地都屬於泉州府濱海的縣份，渡海來臺之後，優先選擇海口地帶謀生。當農漁兼營仍無法改善生活時，自然必須另謀發展。

出生於北門二重港的侯家與學甲頭港仔的吳家子弟，都是在先天文化傳統與後天生活環境惡劣的情形下，出外營商，謀求生計的。

其實，侯家先祖侯基，要算是臺南幫的開基者，但一直到他的侄子侯雨利時期，才算突破傳統格局，有了創新作為。

侯雨利位在二重港的故居全貌。

❖ 布行當學徒，侯基奠根基

　　侯基從小就到府城的布行當學徒，後來開設「新復發」布行，也就是侯氏家族開設的第一家布行。

　　侯基在家排行第十，侯雨利是侯基四哥之子。侯雨利曾在侯基的「新復發」布行當學徒，學藝4年，領取微薄工資，最後一年的「年薪」16元甚至沒能領到。

　　侯雨利雖然沒認得幾個字，但是很有洞見，思路敏捷。他因為做囝仔工無法過生活，18歲即離開「新復發」布行，回到故鄉做布販，肩挑布匹到處零售。

　　1919年，20歲時與學甲舊頭港吳烏香結婚之後，改業自製自銷冥紙。那個年代，他辛勤的騎腳踏車到嘉義縣山區購買草紙，

載回二重港，再與太太一起在草紙上黏上銀箔，製成冥紙，再騎車載至各地兜售。

與太太、母親合力做了7年的冥紙產銷工作，累積了資本之後，侯雨利才又重回販布的老本行。

1926年，也就是侯雨利27歲那年，他毅然離開二重港，遷居府城，與大伯父之子侯排、三伯父之子侯調，合夥創設「新復成批發布行」，他們皆出身「新復發」布行。

1年之後，侯雨利離開「新復成」，獨資創設「新復興」布行，侯排自組「新復茂」布行，侯調獨力經營「新復成」。加上侯基的「新復發」，侯氏家族的4家布行，到了1930年代中期，已經是府城布類批發商之中的佼佼者。

由於侯雨利眼光獨到，「新復興」的業務蒸蒸日上。到了1931年，侯雨利頂下位在媽祖樓的一家織布廠，並取名為「新復興織布廠」。所以，後人說，侯雨利是由商而工，也是臺南幫當中，跨入製造業的先驅。

❖ 戰爭爆發，事業絕處逢生

1935年前後，侯雨利到香港、廈門一帶拓展商機，因不諳商情，資金幾乎虧空。直到中日戰爭爆發，他的事業意外地絕處逢生。

回顧侯雨利到臺南府城經商之後，因為年幼失學，所以利用夜間去補習。儘管他的中、日文學得普普通通，日文也只會極簡單的會話，但因為擅長於計算，而且不怕困難，他在「新復興」

侯雨利故居前有片綠草地。

故居前院還架設了解說牌。

位在二重港的侯氏宗祠是村落裡的重要地標。

布行成立2年之後，親自前往日本，直接向日本商行採購，藉以降低成本，增加利潤。

中日戰爭發生之後，日本國內物資管制，黑市盛行，侯雨利又趁機東渡大阪，從事媒介管制物資的買賣，才1年時間，就有了不錯的成果。

戰爭期間，布行和織布廠呈歇業狀態，侯雨利開始以大筆資金在濱海地區購買數以百甲的魚塭，聘僱專人管理，進行企業化及大規模的經營，因此累積了不少財富。

1945年臺灣「光復」，「新復興織布廠」復工。當時戰後物資匱乏，產品銷路出奇的好，侯雨利掌握時機，全心投入織布廠事業，而且不斷設計改良花色和品質，產品日新月異，使得「新復興」的產品在全臺知名，而且被稱為是侯雨利的「金雞母」。

魚塭與織布廠經營獲利了，後來與吳家昆仲合夥投資經營布行，以及對民間工商業者放貸取息，都是侯雨利事業成功，以及資金快速累積的關鍵。

「絕不吃虧，也不佔人便宜」，是侯雨利的一大人生哲學。謝國興在《臺南幫》書中評論說，侯雨利除了深諳賺錢時機，對資本的處理，可以說完全由工具理性的角度出發，務求資本發揮最大的效益。

❖ **過人毅力，白手起家**

此外，二重港侯氏家族資本形成，最大特色就是白手起家，獨立經營。侯家子弟自侯基這一代起，因為故鄉難以維生，被迫

出外發展，經商，就成了主要出路。

　　一直到侯雨利等第二代，都沒有受過基礎教育，沒識幾個字，卻能憑著過人毅力與企圖心，克勤克儉，點滴累積，開拓自己的一片天，奠定了經濟基礎，也成為後來臺南幫擴大經營現代企業的重要資金來源。

　　臺南幫，是臺灣極少數被冠以「幫」稱的企業集團。不只是許多臺南幫出身的企業人士，對臺南幫有很強的向心力；不少知名企業主，也都樂於向臺南幫學習。

　　臺南幫這個龐大的企業集團，應溯自早期的吳三連、侯雨利及吳修齊、吳尊賢兄弟時代。

　　吳氏兄弟由於與吳三連都出身學甲，因此，始終尊稱吳三連為「宗叔」，侯雨利則曾是吳修齊的老闆，也是臺南幫早年起家的重要資金支持者。

　　亞洲金融風暴期間，臺南幫企業的穩健表現，令企業界稱道。而在近年來高科技產業興起下，以傳統產業起家的臺南幫，還能經常受到企業界推崇，究其原因，仍不外乎「三好一公道」，[7]以及「傳賢不傳子」、「夥計也可變頭家」的文化。

　　臺南幫，不只在臺灣經濟發展史上，締造了臺南奇蹟，在臺灣多由子女接棒的企業傳承模式中，可說別樹一格。而侯雨利廣大氣度，培養無數工商人才，在臺灣企業界獨領風騷數十載，其拚搏一生的精神，可說是臺南幫人奮戰的縮影。

7　三好一公道精神指的是：服務好、信用好、品質好，加上價錢公道。

侯雨利先生重要紀事

1900年　出生於北門二重港務農家庭,家徒四壁。

1904年　4歲喪父,與母親相依為命。

1908年　8歲入北門公學校就讀。

1911年　11歲就到各地農場做雜工。

1913年　14歲隻身到臺南府城,在十叔侯基經營的「新復發」布行當學徒。

1917年　18歲離開「新復發」布行,回故鄉做布販,肩挑布匹到處零售。

1919年　20歲時與舊頭港吳烏香結婚後,改業自製自銷冥紙。

1926年　27歲時與大伯父之子侯排、三伯父之子侯調在府城合夥創設「新復成」布行。

1927年　28歲即獨資創設「新復興」布行。

1931年　32歲於媽祖樓(今府城忠孝街)創設「新復興織布廠」,親自督管廠務,將布行交由太太吳烏香的頭港宗親吳修齊負責。

1935年　36歲赴香港、廈門從事布匹貿易,因不諳商情,損失不貲。

1937年　38歲,中日戰爭爆發,東渡大阪,媒介管制物資買賣,斬獲豐富。

1943年　44歲,大戰期間,日本實施戰時經濟統治,已穩固的事業被迫宣告停業。或購或租臺南濱海地區魚塭,以企業

化經營，收益頗為豐碩。

1945年 46歲，臺灣「光復」，「新復興」復工，後又將「新復興」布行及織布廠合組為「新復興實業公司」，由長子侯永都負責，侯雨利轉為專注於投資與工業開發。

1946年 47歲在臺北市迪化街設「新復興布廠」臺北聯絡處。

1954年 52歲，有鑑於民生的迫切需要，發起籌設紡織廠，與吳修齊、吳尊賢昆仲等人創設「臺南紡織股份有限公司」，任常務董事。

1955年 53歲，與石鳳翔、呂鳳章、吳火獅等投資創立「中國人造纖維公司」，任常務董事。

1958年 56歲，投資創立「新興紡織」（1985年結束），任常務董事。與陳雲龍、陳逢源等投資創立「中國醱酵工業股份有限公司」，即後來的「味王股份有限公司」，任常務董事。

1960年 58歲，與吳三連、吳尊賢等人合創「環球水泥股份有限公司」，任常務董事。

1967年 65歲，投資「華隆紡織股份有限公司」。

1969年 67歲，與吳修齊、辛文炳等人投資創立私立南臺工業技藝專科學校（幾經改制改名，於1999年8月改名「南臺科技大學」）。

1972年 70歲，與吳修齊、高清愿等人創立「太子建設股份有限公司」，任監察人。

1978年 76歲，與吳修齊、高清愿等人創立「南帝化學工業公

司」，任常務董事。

1989年　90歲，因尿毒症引發腎臟機能衰竭，6月23日辭世。

2013年　獲列經濟類臺南歷史名人。

2015年　位在二重港故居，臺南市政府舉行故居掛牌儀式

2000年　故居重修，庭院開放參觀並有解說牌。

吳修齊
臺南幫傳奇，成功之鑰——三好一公道

吳修齊（1913～2005）

2013年獲列經濟類臺南歷史名人

2015年新頭港故居掛牌

　　「臺南幫」寫下臺灣企業發展一頁傳奇，吳修齊與吳三連、侯雨利等人正是臺南幫的代表人物。而吳修齊籌設的臺南紡織、統一企業、太子建設等七大公司，又以統一企業高執食品業之牛耳，而曾名列全國十大民營企業。

　　今日臺南幫擁有的事業橫跨食品、紡織、金融、水泥、建設、化工等產業，堪稱華人地區舉足輕重的企業集團，而吳修齊勤儉持家，講信修睦的創業理念，事業有成之後又積極回饋社會的精神，堪為企業典範。

　　1913年，吳修齊出生於學甲新頭港仔，與吳三連、龔聯禎毗鄰而居，昔日是個遇雨就鬧水災且耕作不易的貧瘠村落，出身困苦。吳修齊昆仲在新頭港仔的

吳修齊在辦公室的身影。（照片由吳修齊基金會提供）

1　吳家故居前，社區豎立的標示牌。
　　故居旁為吳氏宗祠。

2　吳修齊與吳尊賢故居掛牌，在洗
　　石子外牆門柱上，顯得典雅。

3　吳家故居展現純樸民宅型式，院
　　子仍保留紅磚砌成的地面，極為
　　質樸。

4　吳氏宗祠內掛有吳修齊父母畫像。

故居曾於1961年整修。

❖ 囡仔工深獲賞識

　　吳修齊在小學畢業後就和他父親一起到府城謀生。他的父親當時在侯雨利的「新復興布行」當帳房，他則到餅舖當學徒，後來才又轉到「新復興布行」當「囡仔工」。由於他工作認真、有方法，深受老闆侯雨利賞識，並且提拔為帳房。

　　吳修齊於1928年踏入布行做囡仔工期間，憑著極端節儉和辛勤的工作精神，才有了後來的成果。他畢生對金錢的觀念一直是「不該花的錢，一分錢都不能亂花」，但是「應該花的錢，一毛錢也不能省」，絕不因為如今不再為錢所困了，就隨便揮霍。

　　他14歲初做布行的囡仔工時，月薪才3元，當時全拿回家貼補家用。他自己的生活必需品就撿拾長輩不用的，再加以修補，內衣也是用店裡送的布頭布尾裁製。也可說，他在生活上幾乎不花任何錢。

　　吳修齊後來與親友合夥創業，成立「新和興」布行。但創業維艱，經營初期曾被倒帳，差點就經營不下去，後來憑著努力及親友協助，度過難關。

❖ 成立南紡，奠立臺南幫集團基礎

　　臺南幫與吳修齊的事業轉捩點在1954年，吳修齊與吳三連、侯雨利合夥成立「臺南紡織」，由吳三連出任董事長，吳修齊擔任總經理，逐漸奠立「臺南幫」集團根基。

　　1956年，吳修齊率先在「南紡」實施紡織界前所未有的「三班制」，即把工時從12小時縮短為8小時，工資照舊。如此一來，工人士氣大振，總生產量反而比兩班制時增加了20%。

　　1960年，臺灣紡織界遭遇外銷遲滯的嚴重危機，業者紛紛主張封錠減產，吳修齊卻獨排眾議，提出「內銷補貼外銷」的主張，獲當時主管對外貿易的尹仲容[8]採納。結果，這項主張，不但使得臺灣的紡織業度過了危機，連帶著外銷日漸暢旺。

　　1965年，吳修齊修改「南紡」內部管理規章，廢除「工人」稱謂，所有從業員一概稱作「事務職員」或「技術職員」。新制實施之後，大獲好評。這種提高從業員自尊心的做法，在當時的臺灣也屬創舉。

　　「經營企業只許成功，不許失敗。做事要一步一步來，少賺一些沒關係，」吳修齊秉持的這種保守穩健的經營作風，正是臺南幫數十年來，屹立不搖，永續經營的主因。

　　吳修齊等臺南幫大老，擁有來自鹽分地帶的共通特質，那就是勤儉、誠信、保守。企業界都知道，吳修齊的經營理念「三好一公道：服務好、信用好、品質好，加上價錢公道」，是他畢生堅持的信仰，也是成功的重要關鍵。由於他堅持這樣的理念，使事業不斷的成長，而發展出一系列的關係企業如環球水泥、統一企業、可口企業、太子建設、太子纖維、南帝化工等等，在臺灣

8　尹仲容為1950年代穩定臺灣經濟的關鍵人物，1954~1955年接任經濟部長、1958~1963年任外匯貿易審議委員會主委、1960~1963並兼任臺灣銀行董事長。

經濟起飛的年代，可以說具有舉足輕重的地位。

　　除此之外，他高瞻遠矚的才識，為同業所欽服，同樣受到政府與財經當局所倚重，曾獲聘行政院顧問、總統府國策顧問等殊榮。

❖ 獲頒榮譽博士，畢生殊榮

　　只有小學畢業的吳修齊，1997年獲國立成功大學授予名譽博士學位，這是對他畢生努力奉獻的肯定，意義十分重大。當時的成大校長翁政義說，吳修齊出身窮困環境，卻能創造出包括食、衣、住等大企業，而且在臺灣的經濟成長中扮演重要的角色，這是成大頒發名譽博士的原因。吳修齊在獲頒名譽博士學位時表

吳修齊1997年獲國立成功大學授予名譽博士學位。（照片由吳修齊基金會提供）

示，以往成大頒贈名譽博士的對象如李遠哲、孫運璿、李國鼎等人，都是學識好、很有成就的人，他自己只是小學畢業，卻能獲頒名譽博士，真的是很意外。

吳修齊一生並且奉行「三守一誠」，即守時、守信、守法及誠懇待人。提到守時，吳修齊有一回參加婚宴時，請柬上註明晚上7點開席，等到7點40分尚未上菜，有人催促時，主人答稱：「馬上開席」，但等到8點仍未開席。這時，他問主人：「為什麼還不開席？」主人說明是在等人，他再問：「你在等誰？」主人進一步說明之後，吳修齊就起身說：「那你等他好了，我先走了。」

每一年的「大孝獎」頒獎典禮，吳修齊也都十分守時。2003年，陳水扁總統親臨頒獎，當時吳修齊正在住院，仍抱病由3名醫護人員隨行，坐著輪椅，好不容易輾轉到了會場，結果遲到5分鐘。當時總統府人員詢問是否要等候吳董事長？擔任吳修齊基金會執行長的陳宏田毫不猶豫的說：「不用等了，典禮準時開始。」吳修齊到場時，陳總統正在致詞，吳修齊很有禮貌的在會場外，等到總統致詞結束時才進入會場。

吳修齊向來懷抱慈悲心與感恩的心。在《七十回憶》記錄了許多小故事。其中影響他最深遠的有兩件事。一件是他小時候，是個牧童，有一次抓到的一隻蟋蟀，屢戰屢勝，連續稱王，讓他十分得意。有一回他出外放牛時，將蟋蟀放在火柴盒裡，回到家發現蟋蟀被螞蟻咬死了，他不忍心，就把蟋蟀安葬在屋後空地，並祈禱它早日轉生善處。

另一件事，是他的父母逝世後，他每天上墳除草、祭拜，一

旦看到「羊母乳草」，他都不忍除去，並且會小心翼翼移植。早期
鄉下流傳著羊母乳草能治眼疾，吳修齊因為家貧，小時候眼睛發
炎沒有眼藥水，都靠羊母乳草緩解，所以他也視羊母乳草如恩人。

❖ 貧苦出身，心存感恩

　　吳修齊感恩行善的例子不勝枚舉。他還在布行當學徒時，有
一天深夜，他的父親突然牙齦血流不止，他帶著父親在半夜裡沿
街敲遍牙醫診所的門，但診所都打烊了，只有民權路的何齒科何
瑞麟博士願意開門。何醫師為他的父親止血後，還將他留院觀察
到次日，才放心讓他父親回家。

　　這份恩情，吳修齊一輩子沒有忘懷，每次回故鄉頭港看看元
配的墓園時，都會邀何醫師夫婦順道到學甲走走，再去學甲雙喜
飯店或七股海產店吃頓飯，或招待到國內外旅遊。直到何醫師夫
婦往生後，吳修齊還贊助了「何瑞麟、崔淑芬文教基金會」100萬
元支持文教事業。

　　吳修齊年輕時候做生意曾被倒債，以致資本額幾乎虧空，所
幸遇到了貴人。那時，日本「今藤」商店正在找尋臺灣人造絹織
物總經銷商，「今藤」社長派業務員濱本康榮到臺灣做業務調查
時，自臺北到臺南遍訪各商行，發現「新和興」信用可靠，吳修
齊也因此取得總代理權。1年之內，他不但賺回資本額，還有盈餘。

　　吳修齊從此，視「今藤」以及濱本為恩人，每年兩大傳統節
日，都會購買日本人最喜愛的臺灣烏魚子和茶葉送給他們，直到
第二代當家人來信婉謝，吳修齊仍未間斷。

位於臺南公園的念慈
亭。（照片由吳修齊
基金會提供）

捐建於勝利國小前的
懷恩陸橋。（照片由
吳修齊基金會提供）

捐建於南臺工業專科
學校（今南臺科技大
學）的念慈堂。（照片
由吳修齊基金會提供）

捐建成功大學的文學館大樓，藉此支持並鼓勵培育更多人才。(照片由吳修齊基金會提供)

　　吳修齊早年因身體不好，聽從醫生囑咐，每天一大早就到臺南市中山公園[9]運動。後來他的身體逐漸健康起來，對中山公園卻有特別的情懷，於是先後於1980年及1982年，在公園內捐建了自強亭及早覺亭，讓前往運動的民眾有了遮日避雨的地方，1989年再捐建念慈橋及念慈亭。

　　此外，他對故鄉更有一股濃厚的感情，例如在故鄉學甲中洲捐款興建母校中洲國小禮堂、庭園及更新電腦設備，2000年捐建學甲東陽國小前的人行陸橋，維護學子上下學安全。其他如寺廟、道路等等，也都樂予捐輸，回饋家鄉事蹟不勝枚舉。

　　吳修齊是中洲國小（原中洲分校）第一屆校友，畢業於1927年（日昭和2年）。當時的日籍校長末永猛正是吳修齊六年級的老師。由於年代久遠，第一屆校友照片早已泛黃。同樣出生學甲的吳修齊基金會執行長陳宏田說，念舊的吳修齊曾於1996年舉辦中洲分校第一屆至第六屆同學會，在地方上轟動一時。中洲分校第一屆至第六屆原有197名學生，首度舉辦的同學會只有12人與會，吳修齊胞弟吳尊賢與吳俊傑都到場。第二次舉辦時人更少了，後來吳修齊行動不便，沒再舉辦。回顧照片，人事已非，令人不勝唏噓。

9　1917年（日本大正6年）開園，戰後改名「中山公園」，2001年恢復舊名「臺南公園」，2018年登錄為文化景觀。

❖ 回饋故鄉與公益不餘遺力

篤信佛教的吳修齊，每天都有早起禮佛誦金剛經的習慣，有感於佛經的精義，教人愛心、善行，引發他廣印善書逾30萬冊，與十方結緣。他希望除了自度，還能度人。

為了緬懷他的祖先，1974年與叔侄兄弟共同捐資，在新頭港祖厝地興建了「光覽祖系吳氏宗祠」，每年春、秋兩季，舉行祭祖大典，使散居各地的宗親，回鄉敦親懷遠，用心良苦且意義非凡。

吳修齊於2003年6月正式退休後，改任統一企業、臺南紡織、太子建設三家公司名譽董事長，而將董事長一職分別交棒給高清愿、鄭高輝、莊南田，開啟臺南幫世代交替的新局。

縱觀吳修齊一生，最受人敬重與推崇的，除在事業上的輝煌成就之外，更在於事業有成之後，不忘感恩與回饋。他築涼亭、造陸橋、捐土地、建大樓、辦大孝獎……，喜歡以「懷恩」、「念親」、「念慈」等命名，將功德迴向親恩。

吳修齊畢生生活簡樸、養生有道，子孫滿堂，可以說集福、祿、壽於一身，2005年以93歲高齡仙逝。

臺南幫大老辭世，地方人士同聲惋惜。當時筆者正因為採訪而造訪國策顧問黃崑虎。與吳修齊知交近半世紀的黃崑虎說，「吳老」愛物惜福的修為與高尚品格，一直是他學習的對象。黃崑虎曾是臺灣名噪一時的養雞大王，因為採購飼料而結織吳修齊，對於吳老「三好一公道」的精神，感受很深，他說：「吳老就是那種，作生意是努力讓對方賺大錢的企業家。」

黃崑虎回憶，「吳老」有一回到他的古厝作客時，凝視大廳

一句對聯寫著「惜食惜衣非為惜財原惜福」,「吳老」當下也講述了切身的愛物惜福的故事,令他記憶深刻。

　　而吳修齊母校中洲國小校長許福田,也在第一時間向全校報告老人家離世的消息。他個人極感佩這樣一位事業成功,而能始終抱持感恩回饋精神的長者,每當小朋友寫了感謝卡,他都會回覆並表達歡喜之意。許校長更感念的是,「吳老」對母校的回饋不曾停歇,一直到辭世前些年,母校急需整修電腦教室,「吳老」仍是二話不說就捐贈了100萬元經費。

先人日已遠　典型在夙昔

　　慟聞恩師吳名譽董事長修齊先生辭世,本人謹代表統一企業集團所有同仁致最高的哀悼,吳故董事長一生為臺灣社會經濟作出極大貢獻,令人無限崇仰。

　　吳名譽董事長係為我之表姐夫,由於我早年喪父,家中生活貧困,我16歲出社會就到新和興布行工作,那時候他是老闆,我是學徒,從那裡學習到許多做人做事的道理,他是我在商場上的啟蒙老師,我能有今天的一點成就,完全是他的提攜指導及栽培。

　　感謝他在我38歲離開臺南紡織出來創業,籌設統一企業時,願意給予全力支持並擔任董事長一職;今天統一企業集團事業能如此順利,完全是吳名譽董事長領導之下的結果。

　　雖吳董事長與世長辭,其一言一行,影響我至深。他永

遠是統一企業集團的精神領袖。

「先人日已遠，典型在夙昔」，謹以這千個字記錄吳名譽董事長一生對工商界與臺灣政經發展的諸多貢獻與深遠影響，相信如今隨著臺南幫企業發展，一代殷商的襟懷，已深植人心。

附註：2005年6月，高清愿以統一董事長身分在統一集團刊物
　　　上發表了千字追思文。

吳修齊先生重要紀事

1913年　12月30日生於學甲新頭港仔，今學甲區光華里新頭港。

1927年　小學畢業後，即到鄰村陳遠的慶美商店當糕餅學徒。

1928年　父親吳克讀原擬帶他前往「新復發」布行當學徒，因先抵達「新復興」布行停留吃午飯，因緣際會留在「新復興」服務，成為侯雨利最得意的門徒。

1933年　與賴蓮樵結婚。同年投資4,500元創設「新和興」商行。

1935年　被倒帳3,000餘元，事業受重創。

1937年　「新和興」恢復元氣之後，解散「新和興」商行，股本發還股東並重新組織，新股東限於現有職務者，即父親吳克讀、吳修齊本人以及胞弟吳尊賢、吳俊傑。

1944年　二次世界大戰，失業返鄉務農，曾暫任公職。

1946年　重組「新和興」洋行、臺北「三興行」；翌年組上海「三興行」。

1949年　農曆10月，母親陳勤娘、父親吳克讀相繼過世，「新和興」解散，兄弟分產，退休養病。

1954年　戰後紡織品匱乏，遂發起籌設紡紗廠，與侯雨利、吳尊賢創設臺南紗廠（即後來的「臺南紡織股份有限公司」），擔任總經理。

1960年　與吳三連、侯雨利等創設「環球水泥」。

1961年　提出「以內銷補貼外銷」辦法，使國內棉紡業度過世界性棉紡危機。

1966年 「臺南紡織」推出太子牌（太子龍）不縮卡其布。

1967年 7月1日成立「統一企業」，任董事長。

1969年 11月，教育部核准興辦2年制「私立南臺工業技藝專科學校」，後來改稱「南臺工業專科學校」，1999年8月升格為「南臺科技大學」。

1971年 吳修齊昆仲4人共同捐贈母校中洲國小大禮堂。

1973年 8月，跨足建築業，創立「太子建設開發公司」，任董事長。

1974年 與叔侄兄弟等宗親在祖居地籌建「光覽祖系吳氏宗祠」，翌年10月25日落成。

1978年 12月，與吳尊賢、高清愿等人創立「南帝化學工業公司」，任董事長。

1979年 創立「財團法人吳修齊紀念雙親獎學金基金會」，1年之後改為「吳修齊紀念雙親文教公益基金會」。

1980年 為感念每日在臺南公園運動而恢復健康，捐建了自強亭，又於1982年捐建早覺亭，1989年捐建念慈亭（橋）。

1981年 獲頒中華民國第一屆企業家獎章。

1990年 為維護學子上下學安全，在勝利國小前捐建人行陸橋，而後又陸續在大光國小、白河國小、東陽國小、臺南師院、屏東美和等校捐建人行陸橋共6座。

1991年 元月發起籌募經費成立「李國鼎科技發展基金會」。同年以基金會名義舉辦「全國大孝獎」。

1992年 捐建念慈堂於「南臺工業專科學校」（今「南臺科技大

學」），頂樓做為每年「全國大孝獎」頒獎地點。

1993年　80壽辰及先慈百歲冥誕之際，於佛光山印經12萬冊報恩，後又廣印善書逾30萬冊與十方結緣。同年擔任故鄉頭港鎮安宮董事長。

1996年　獲聘任總統府國策顧問。南紡越南廠創設，成為南紡唯一在國外的廠。

1997年　獲頒國立成功大學名譽博士學位。

2001年　南紡優秀幹部多畢業於成功大學，是以斥資1.5億元（約吳修齊基金會一半財產）捐建文學館，支持並鼓勵學校為社會栽培更多人才。

2005年　93歲高齡仙逝。

2013年　獲列經濟類臺南歷史名人。

2015年　新頭港故居掛牌。

吳尊賢
慈善企業家，勤儉誠信，穩健踏實

> 吳尊賢（1916～1999）
> 2013年獲列經濟類臺南歷史名人
> 2015年新頭港故居掛牌

　　吳尊賢，吳修齊的胞弟、臺南幫企業集團第一代領導人之一，畢生參與創辦的企業體還包括臺南紡織、環球水泥、坤慶紡織、新和興海洋、萬通銀行、南臺技術學院等，範圍遍及食衣住行育樂及金融證券。

　　「勤儉誠信、穩健踏實」是吳尊賢一生奉行的行事準則，他並且在1981年捐資1億元設立「財團法人吳尊賢文教公益基金會」，贏得「慈善企業家」美譽。1998年，他進一步以個人名義，捐建價值約2億元的「尊賢館」，做為臺灣大學邀請海外學人來臺講學與交誼、住宿及學術會議之用。

　　吳尊賢生於1916年12月29日。吳家一門四傑，老大吳修齊是臺南幫大老，吳尊賢排行老二，老三是吳俊傑，老四吳俊陞，兄弟感情甚篤。吳尊賢於1955年與宗叔吳三連及侯雨利、胞兄弟吳修齊、吳俊傑、吳俊陞及親友，籌組「臺南紡織公司」。而吳尊賢和鄭高輝，堪稱帶領臺南幫走向多角化經營的重要人物。吳尊賢一生常以「身體要健康」、「生活要節儉」、「待人要誠懇」、「不要想一步登天」等名言來勉勵年輕人，這也是他成為成功企業家

1 吳尊賢在辦公室留影。(照片由吳尊賢基金會提供)

2 吳尊賢80大壽的歡慶氣氛。(照片由吳尊賢基金會提供)

3 吳尊賢伉儷散步身影。(照片由吳尊賢基金會提供)

4 吳修齊與吳尊賢昆仲位在新頭港的老家,牆外是「名人故居」銜牌。

5 吳氏宗祠內,吳尊賢養父母的畫像。

的關鍵。

1999年3月27日，《聯合報》繽紛版曾刊載吳尊賢的文章「吳尊賢的人生智慧：治病也要勤」，文中特別強調「無健康，一切皆空」的生活理念。他在文中說，人生的幸福應以「健康」列為第一，大家應對健康多注意、多投資，才能過著幸福的生活。

臺南幫大老們都十分重視健康，像是吳修齊早晨的走路、打太極拳、練外丹功，數十年如一日，對健康的投資非常積極。昔日侯雨利習慣在早晨爬臺北圓山和在臺南公園做體操，數十年都是風雨無阻。後來，為了保健，不辭麻煩，天天喝吳尊賢建議的茶飲，到了87歲時，身體仍很硬朗。吳尊賢認為可能是侯雨利先天強壯，同時茶飲也有些幫助，可見，不但做事要勤，養生也要勤！

正因為有健康重於一切的人生觀，吳尊賢性情開朗，在他的傳記《吳尊賢回憶錄》中，介紹家庭時，他簡單的說：「我擁有兩對祖父母，兩對外祖父母，和兩對父母親，與一般人比較起來，受了更多照顧，真是一大幸事。」

❖ 給伯父、伯母當養子

吳尊賢是吳修齊的胞弟，出生後就過房給父親吳克讀的胞兄吳克章。那是基於民間的習俗。

由於吳克章夫婦連生4個女兒，吳克章的妻子吳蔡氏笑，還在懷第五胎時，吳尊賢的祖父母即和晚輩商量，如果吳蔡氏笑第五胎仍生女的，就將吳尊賢過房給吳克章夫婦領養。就這樣，吳

尊賢比別人多了一對祖父母和父母。

吳尊賢的養父吳克章，日文完全不通，以務農和經營小型魚塭為業，因工作認真且聰明伶俐，年輕時就撐起一家重任，工作雖然辛苦，對吳尊賢關愛備至。

他的養父一直在家鄉管理祖業，直到「新和興」布行開設的3年之後，才將耕地和魚塭出租，舉家遷到臺南府城。他的養父臨死前對親友說：「死，這條路每個人早晚都要走的，我自己感覺這一生，尤其是晚年，很幸福滿足，一點都無牽掛，只望兒孫能平安規矩做人就好。」

養父於71歲那年，安祥離開人世，但老人家生前「勤可補拙，儉可養廉」，以及「勤有功，戲無益」的人生觀，已深深影響吳尊賢。吳尊賢謙稱，自己極為平凡，只有打高爾夫球比兄弟們都早，而且多了一對養父母疼惜。

他也曾說，如果能依照恩師末永猛校長指示，去考師範學校，當上小學老師，在經濟方面可能比不上經營企業，但生活可能更為美好，對國家社會的貢獻會多一些。

吳尊賢是在8歲時（實歲6歲多），進入學甲公學校中洲分教場（後來改為中洲公學校，也就是現在的中洲國小）就讀。他的胞兄吳修齊是第一屆學生，他是第三屆學生。

他的童年時代，從新頭港家中到中洲約有2公里路程，三年級以後有下午課，每天要利用中午1小時時間趕回家吃中飯。所以，他每天往返各兩次，共要走大約8公里路。

他在回憶錄中說，當時村子裡的人，除了病人之外，是吃不

到白米飯的，老人家也只能吃到白米和番薯簽。其他人吃的都是番薯簽煮的飯，而番薯簽容易餿掉，所以不能做成便當帶到學校去。

❖ 貧苦童年領悟：勤儉才能過生活

儘管他家有7、8甲土地，但土地貧瘠，又時常水災、旱災，加上受到日本政府壓榨，農作物價格低賤，收入微薄，全家人都必須勤儉才能過生活。

他一直到小學六年畢業，沒買過書包、鞋子、雨傘和學生帽。他說，他的學生帽是沿用早年去世的叔父吳章信留下來的文官帽，用到帽子前緣的鴨舌爛掉，變成「海軍帽」了還在用。書本則是用布包起來，背在背上，方便趕路。下雨時，就必須脫去上衣，書包背到胸前，再穿上衣，緊緊抱著書包，以免弄溼書本。

由於不想給家裡增加負擔，他於1929年3月，六年級時，連一張4毛錢的畢業紀念相片也沒有買，每人費用5元到臺北的畢業旅行也沒參加。

1971年4月3日，中洲國校舉行創校50周年紀念大會，以及吳家昆仲捐建的「讀章堂」落成時，學校展出歷屆畢業紀念照，他意外發現他畢業那年的紀念照片保存得很好，因而欣喜萬分。後來，校長細心地翻拍了一張送給他，總算彌補了他當年沒有買畢業紀念照片的遺憾。

吳尊賢在小學6年當中，成績多維持在前三名。而且因為他當時聲量比較好，常被老師派任為級長，也因唱歌、運動和朗誦

都表現不錯，在學校可以說出了點鋒頭。

　　中洲公學校畢業前，當時校長兼六年級老師末永猛，勸他考臺南師範學校。當老師，曾是他最嚮往的職業，可惜家人反對，於是他進入學甲公學校高等科就讀。他在畢業前幾個月，接到胞兄吳修齊的信說：「新復發布行需要一個學徒（當時稱囡仔工），是否要去？」

　　他的養父認為，輟學固然可惜，但工作不會等他，於是要他到府城去學做生意。他在與末永猛校長商量後，校長不但替他向學校說明，請求補發畢業證書，還送他一雙膠底白帆布鞋，並且勉勵他：「第一、要認真工作，第二、要正直（誠實），第三、要注意健康。」末永猛校長的一番話，讓吳尊賢感動落淚。吳尊賢就這樣，帶著校長的祝福，到了府城展開童工生涯，也從此改變一生的命運。

❖ 童工生涯，改變命運

　　吳尊賢到了府城，拜見「新復發」布行老闆侯基先生。侯基是個克勤克儉，白手起家的長者，當時已有三、四十萬元的財富，在府城布行中堪稱首富。吳尊賢當晚住到「新復發」布行，第二天就開始學做生意。

　　新復發布行那時只有八、九個員工，工作十分忙碌，而且下級人員沒有臥房，是在每晚打烊後，將櫃臺改做臥舖睡覺。

　　囡仔工每天早上6點起床，必須先收好舖蓋，開店門、打掃、灑水、通水煙筒、揩油燈的煤煙、倒痰壺、倒尿壺、整理布匹、

去醬料店買早餐用的醬菜，吃完早餐馬上開始做生意。

　　他就這樣聽從上級人員差遣，每天從早忙到晚，最初還常因為想家，想父母，偷偷上布行的頂樓，遙望著故鄉沉思，不知不覺淚溼衣襟。

　　不過，也因為他工作認真，有時帳櫃先生不在，他會自告奮勇幫忙記帳、轉帳。而且老闆悄悄檢核過沒有錯誤，字跡也還可以，對他越來越信任，於是升他為帳櫃。

　　他常提起吳三連說過的：「人在社會上工作，不要先計較報酬，應先盡心奉獻，到時候就自然會有報酬。」秉持這樣的做事態度，吳尊賢擔任帳櫃之後，更積極學習。又因為老闆日語不通，他可從旁翻譯，耳濡目染，學得做生意技巧，也更贏得老闆和掌櫃的信賴，逐漸奠下了事業成功的基石。

　　1999年6月8日，吳尊賢往生，胞弟吳俊傑和吳尊賢在一周內先後辭世，令親友十分感傷，留給後人無限追思。

　　吳尊賢育有5子1女，長子吳昭男（歿）為前新和興海洋董事長，次子吳貞良定居美國，現任美國 UNISON INVESTMENT CO. 董事長，三子吳亮宏現任坤慶國際開發公司董事長及吳尊賢基金會副董事長，四子吳春甫（歿）為前坤慶國際開發公司副董事長，唯一的女兒吳姿秀嫁給臺大醫生林凱南，老六吳英辰現任環泥建設開發公司董事長。吳尊賢生前接受媒體採訪時曾說，他認為當生意人太辛苦，最希望兒女從事的行業其實是教書。

　　或許是這樣的緣故，加上臺南幫「傳賢不傳子」的企業文化，吳尊賢的兒女鮮少在臺南幫主要企業裡擔任要職。吳尊賢參與創

辦的事業，在他生前都已交給臺南幫的第二代，例如接棒的環球水泥董事長是顏岫峰、坤慶紡織董事長是吳金台，都是吳尊賢的子弟兵，萬通銀行董事長一職也於1998年交給高清愿。

　　顏岫峰、吳金台等人都是吳尊賢的得意門生，與長期在臺南跟著吳修齊學習的高清愿屬於同輩，年齡也相當。從年少就在臺南幫做「囡仔工」的高清愿，也正是「夥計變頭家」的典型。

吳尊賢先生重要紀事

1916年 出生於新頭港。

1923年 8歲入學甲公學校中洲分校場就讀。

1929年 14歲入學甲公學校高等科就讀。

1930年 15歲到「新復發」布行當學徒,月薪3元。

1932年 17歲升「新復發」布行帳櫃,月薪10元。

1933年 18歲圓滿辭去「新復發」布行工作。

1934年 19歲,「新和興」布行成立,任外務員。當時代表人為生父吳克讀,胞兄吳修齊是掌櫃,總務是胞弟吳俊傑。

1937年 22歲與陳玉梅結婚。育有5男1女。

1945年 30歲,戰爭結束,恢復營商。

1946年 31歲,「新和興」布行復業,設址於臺南市西門路西門市場內,吳修齊為代表人。參加62軍政治部舉辦的民眾國語補習班學習國語。12月設立臺北「三興行」於臺北市迪化街,代表人為侯雨利。

1947年 32歲設立上海「三興行」,代表人為王錦昌先生。1949年國民政府遷臺,上海「三興行」、臺北「三興行」、臺南「新和興行」歇業。臺南「德興行」、臺北「三豐行」成立。

1950年 35歲,臺北「新和興行」成立,擔任經理。

1955年 40歲,與侯雨利及胞兄弟、親友籌組「臺南紡織公司」,逐漸擴大事業版圖,成就「臺南幫企業集團」。「臺南紡

織公司」成立時任常務董事，董事長吳三連，總經理吳修齊，副總經理是侯永都。11月15日，養父吳克章過世，享年71。12月，「臺南紡織公司」紡織廠正式生產。

1959年 44歲擔任《自立晚報》董事，董事長李玉階，發行人吳三連，社長葉明勳，副社長兼總經理王錦昌。

1960年 45歲，環球水泥公司成立，任常務董事兼總經理。公推吳三連為董事長，侯雨利為駐會常務董事，聘顏岫峰為副總經理。5月19日，養母蔡氏笑過世，享年74歲。

1964年 49歲，「新和興」電子公司成立，任董事長。「臺灣玻璃」公司成立，任董事。

1971年 56歲，4月1日，兄弟們慶祝母校中洲國校創校50周年，捐贈「讀章堂」舉行落成典禮。7月辭「新和興海洋企業公司」董事長，改任董事。

1972年 57歲，「南臺工業專科學校」成立，任常務董事，董事長為吳三連，校長為辛文炳，副校長張麗堂。

1975年 60歲，「光覽祖紀念館」在新頭港落成啟用。

1981年 66歲，「吳尊賢文教公益基金會」成立，任董事長。

1988年 73歲，12月29日，吳三連病逝，享年90。翌日接任「環球水泥」董事長。

1993年 78歲辭「環球水泥」董事長，改任名譽董事長。

1996年 81歲卸任「吳三連基金會」董事長，特請陳奇祿先生接任。

1998年 83歲在臺灣大學舉行「尊賢館」捐建儀式，個人捐出2

億元做為建築經費，儀式由教育部長林清江主持，臺大
校長陳維昭代表接受。

1999年　6月8日晚間因心臟衰竭辭世，享年84歲。

2013年　獲列經濟類臺南歷史名人。

2015年　新頭港故居掛牌。

高清愿
夥計變頭家，締造統一企業王國

> 高清愿（1929～2016）
> 2017年獲列經濟類臺南歷史名人

　　高希均教授，曾引述美國經濟學家約瑟夫‧熊彼得的一句話：「如果沒有改變人們的生活，你就不能說已改變了世界」，此語也足以形容統一企業集團創辦人高清愿。

　　高希均在天下文化出版的《無私的開創—高清愿傳》中說，「今天在臺灣2,200萬人民的生活方式，沒有一個不受到統一企業的改變，而且是改變的更方便，更安全，更舒適。『統一』集團的各種產品遍及到每一個年齡層、每一個角落、每一個人的生活面。我們可以肯定的說，沒有『統一』的產品及服務，臺灣家庭難以有今天的生活方式。」[10]

❖ 貧窮教會惜福感恩

　　高清愿從一個鹽分地帶出生的窮小子，到後來擁有351家企業、7萬5,000多名員工、年營業額2,700多億元的大企業家，他的傳奇一生以及統一企業對國人生活習慣的改變，稱得上是臺灣

---

10 高希均，〈出版者的話──改變臺灣生活的大企業家〉，收於莊素玉著，《無私的開創─高清愿傳》（臺北市：天下遠見出版，1999年），頁2。

高清愿在辦公室的身影。（照片由楊明井提供）

高清愿（右起）與視為恩師的吳修齊、後進林蒼生，留下臺南幫薪傳的經典畫面。（照片由楊明井提供）

經濟奇蹟的經典故事。然而，高清愿在《無私的開創—高清愿傳》一書自序謙稱，「一個從臺南鄉下長大的孩子，能夠為近4萬名同仁、數以10萬計的股東，乃至產業界同業服務，背後靠的不是別的，正是惜福、感恩和無私的開創。」[11]

高清愿於1929年出生於學甲倒風寮，一個沒田耕作的販牛人家，也就是今天的學甲區新芳里，一個赤貧的鹽鄉聚落。他的乳名「文筆」，童年時期的綽號是「大頭筆仔」。

他曾經過著赤足撿地瓜，有一餐沒一餐的日子。貧窮的滋味，他點滴在心頭，待他事業發達之後，僱用許多學甲人，甚至鄰近

11　高清愿，〈自序——坦率的分享〉，收於莊素玉著，《無私的開創——高清愿傳》，頁7。

高清愿位在學甲倒風寮的故居,外牆洗石子裝飾鮮明,庭內高聳椰子樹為主要地標。

高清愿的畢業照,發人思古幽情。(照片由楊明井提供)

的鹽水田寮等聚落也都有「統一」人。

曾有一名老農民告訴筆者，高清愿幼年時到田裡撿地瓜，受到學甲和鹽水一帶的婦女協助，他知恩圖報，僱用幫助過他的人到「統一」工作，這些人的第二代很多都繼續成為「統一」人。

「統一麵」剛生產的年代，他的家鄉人經常吃到他送的「統一麵」。家鄉的頂洲國小也常接受他的經費贊助，他生前對家鄉的回饋，頗獲好評。他的表親郭義明聽長輩轉述說，高清愿有個信念就是，能僱用越多的人，表示公司越賺錢。

在家鄉，他曾被稱為「學甲皇帝」。高清愿並不喜歡這個說法，不過他常在公開場合說：「貧窮教我惜福，成長教我感恩，責任教我無私的開創。」

高清愿年幼時，母親就曾為他算過命說：「頂無兄，下無弟，13歲埋老父」；不過他長大後絕對是睡大床鋪的、穿皮鞋的。

高清愿的出生地「倒風寮」，是倒風內海淤積而成的海埔新生地眾多聚落之一，村落之中，蘇、李、高三大姓分別由布袋新塭、學甲及將軍西甲遷徙而來。高清愿的童年和許多鄉下孩子，尤其是鹽鄉子弟一樣，「艱苦」兩字仍不足以形容。他常常必須揹著竹籃到剛收成過的田裡，撿拾地主撿剩的番薯。

有一回，他和母親去撿番薯，因為撿得較多，被宅仔港的地主懷疑是偷來的，硬是把他們母子籃子裡的番薯全倒掉，踩壞了籃子，還痛打他的屁股。這段往事迄今仍在鄉下流傳著，長輩聊起此事，都替他感到心酸。

❖ 和母親拎著一只皮箱，離鄉背景

　　造化弄人，高清愿的姐姐和哥哥都早夭，他13歲時，父親就過世了。他勉強念完小學，就和母親拎著一只木箱，搬到臺南府城去「揣頭路」（臺語），謀生。

　　高清愿的母親管教兒子甚嚴，兒子一犯錯就責罵或痛打。高清愿也因母親的嚴格管教，自幼養成節儉和守約的習慣。此後，他的學習，多半來自他口中的「社會大學」。

　　高清愿日後曾自我調侃說：「當年的環境讓我脫離正統學校教育，提早進入社會大學。」高清愿後來憑著社會歷練，先後獲頒美國林肯大學法學榮譽博士學位、國立中山大學榮譽管理學博士學位，及國立成功大學榮譽管理學博士學位。

　　高清愿深知自己學歷低，於是利用做生意時和日本人學日語，在臺北市迪化街與「外省人」學國語，也讓在家裡幫做家事的「阿花」教他認字，一點一滴學習，也頗有收獲。

　　高清愿的演講稿，通常夾雜著日語和國語，而且他養成每天

高清愿離鄉時所拎的一只皮箱。（照片由楊明井提供）

年輕時的高清愿（左）偕同吳修齊遊關仔嶺。（照片由楊明井提供）

閱讀報紙習慣，又四處演講，靠著經驗累積，面對變遷的社會。

　　高清愿隨母親初到府城時，先從囡仔工（童工）做起。他找到的第一份工作就是在臺南市安南區海邊一家編織草鞋和草袋店當童工，月薪15元。16歲再到吳修齊創辦的「新和興布行」做「囡仔工」，他非常珍惜這份工作，也從工作中學到很多。

　　他常形容吳修齊是「企業的師父」。「新和興」布行是高清愿積蓄個人創業資金的起點，也從「新和興」布行學到理財及員工分紅入股觀念。後來吳修齊到中國大陸發展，把臺灣的業務交給他經營，這時他才18歲，就已在臺灣獨挑大樑，並且把布行經營得很出色。

❖　聘金成了持股基金，奠立創業基礎

　　20歲那年，高清愿把第一次領到的獎金當聘金，與出生學甲的賴環訂親，「准岳父」把聘金還給他。這筆錢成了他在「新和興」

布行的持股基金，也是日後創業的基礎財源。

1949年國共內戰，國民政府轉進臺灣，臺灣局勢動盪，生意人擔心資產被共產黨接收，吳修齊也在此際結束「新和興」布行。高清愿與「新和興」布行幾個志同道合的同事合資成立「德興布行」，高清愿成為5個股東之一，第一次當老闆。

沒多久，高清愿退出「德興布行」，與侯氏家族共組「新吉成布行」，專責經營。這時，吳修齊與吳三連等人成立了「臺南紡織」，正式延攬有豐富業務經驗的高清愿。這時高清愿才26歲就當上課長（相當於現代的經理）。

任職「臺南紡織」12年之後，高清愿因故離開，並且因為「民以食為天」的觀念讓他找到了經營新方向，遂在1968年創立「統一企業」，創業員工82人。

從紡織業轉行食品業的高清愿，生產項目從飼料、麵粉、油脂，進一步製造「統一肉燥麵」，開了臺灣速食麵霸主地位機先，並曾於1973年營業額超越味全公司，成為臺灣最大的食品王國。

❖ 統一企業成為食品王國

「統一企業」又陸續推出「樂利包」果汁、購併中國乳業成立乳品部，1978年成立「統一超商」，開啟臺灣國際性連鎖便利商店經營，並跨足高科技、休閒產業。

「統一企業」的經營理念是根留臺灣，深植中國大陸，放眼國際，多元化經營。在擁有40多家關係企業時，高清愿說：「21世紀是通路時代，誰掌握通路，誰就是贏家。」

正當統一面臨「世代交替」，企業界一片年輕化的潮流下，高清愿反其道而行，採取了傳統人事布局的作法。此舉除了彰顯重情義的企業倫理與企業文化之外，也展現了高清愿受人尊重的領袖魅力。

高清愿當了16年副董事長兼總裁後，2003年7月1日才接任「統一企業」董事長。那是「統一」成立36年第一次換董事長，公司內部都了解是因為高清愿尊重前董事長吳修齊的心意，才遲遲不願意接下董事長的位子。

在企業界，高清愿以身作則，塑造「統一企業」尊重、禮讓、不自私、無我的精神，形成了「統一」的企業文化。「統一企業」「傳賢不傳子」的文化承繼了臺南幫企業集團的文化。

除了重視倫理外，高清愿也重視事業管理與自我管理，他還因此於2003年獲得中華民國管理科學學會「管理獎章」。

高清愿認為，事業管理成功，在於培養與運用有品德的人才。他不愛應酬，再忙再累也都很重視健康管理，而且信奉，一個人要活就要動的「勤勞哲學」。

高清愿同時也曾是中國國民黨內相當有份量的中常委。向來快人快語的他，在2004年4月間透過媒體表示，無意再續任國民黨中常委，他並呼籲70歲以上中常委都一起退出，讓國民黨年輕化，「國民黨也要跟企業一樣新陳代謝，像統一企業，60歲就要退休」。

經營政黨要像經營企業，高清愿還認為，企業界應齊心參與推動藝術文化。「統一企業」回饋社區及挹注藝術文化發展，有

目共睹。

2001年6月10日第15屆「南瀛美展」在「臺南縣文化中心」揭幕時，高清愿和當時的臺南縣長陳唐山等人一致推崇名揚國際的「南瀛獎」。高清愿進一步說，推展體育和藝術，除了要有錢之外，還要有人，「統一」當年組棒球隊就是秉持企業扶持體育，回饋社會的用心。

高清愿認為，「南瀛獎」辦得很成功，辦國際展的構想很值得鼓勵，也可考慮籌設美術館典藏得獎作品。他幽默的說：「贊助的企業也應享有清譽，像統一是絕對值得信賴」。

在「南瀛獎」畫展巡禮中，高清愿賞畫時的興致很高。特別是，當他看到畫中一只木製提箱，想到當年出外打拚時，自己就是提著一只木箱。另一幅畫「倒風內海」，也讓他想起鹽分地帶的家鄉叫「倒風寮」，他向在場的人說，「你們年輕人，都不太能想像那個時代的生活了。」

獲頒美國林肯大學法學榮譽博士學位，是高清愿（中）畢生引以為傲的時刻。（照片由楊明井提供）

高清愿先生重要紀事

1929年　日本昭和4年出生於學甲倒風寮。

1934年　日本昭和9年，吳修齊、吳尊賢昆仲成立「新和興」布行。

1941年　日本昭和16年，父親過世。

1942年　日本昭和17年，小學畢業後與母親遷居府城當童工。

1945年　日本昭和20年，進入「新和興」布行做囝仔工。

1949年　與賴環結婚。

1951年　與「新和興」布行舊同事合開六家布行，第一次當老闆。
　　　　這一年吳三連當選第一任民選臺北市長。

1953年　在吳修齊昆仲成立的「德興布行」負責業務。

1955年　獲聘為「臺南紡織」業務課長。

1967年　籌備成立「統一企業」，翌年飼料廠、麵粉廠開工，高
　　　　清愿擔任總經理。

1971年　「統一企業」推出「統一肉燥麵」，開速食麵霸主之契機。

1973年　「統一企業」營業額超越「味全」，成為臺灣最大食品公
　　　　司。

1974年　母親過世。當選第4屆十大傑出企業家；「統一企業」進
　　　　軍飲料業。

1976年　當選全國好人好事代表。

1977年　獲頒美國林肯大學榮譽法學博士學位。

1978年　當選第2屆傑出企業家；「統一企業」與經銷商組成「統
　　　　一超級商店股份有限公司」。

1979年　14家「統一超商」開始營業，翌年跨足科技業。

1986年　第一百家「統一超商」開幕。

1989年　高清愿交棒，擔任「統一企業集團」總裁，林蒼生接任「統一企業」總經理。

1994年　當選全國工業總會理事長；當選國民黨中常委。

1997年　連任全國工業總會理事長，國民黨中常委；「統一超商」引進「星巴克咖啡」連鎖店。

1998年　獲頒國立中山大學榮譽管理學博士。

1999年　出任南臺技術學院董事長。

2001年　榮獲國立成功大學榮譽管理學博士學位。

2003年　出任「統一企業」集團董事長。

2013年　「統一」集團由女婿羅智先接下董座位置。

2016年　逝世後長眠於竹溪寺，享年88歲。

2017年　獲列經濟類臺南歷史名人。

第三章

漁鹽子弟旅外寫故事

➤ 漁村是搖籃，汗水淚水是推手

傳統北門地區，北門、學甲、將軍、佳里、西港和七股等地，以曬鹽與漁業為傳統產業，養殖漁業又以七股和北門著稱。其中七股被譽為臺灣的「西岸明珠」，是臺灣僅存最大也最完整的海岸溼地，也因為每年冬天遠從西伯利亞來的嬌客黑面琵鷺而聲名大噪。

❖ 七股西岸明珠

七股坐擁數千公頃一望無際的魚塭，虱目魚成了重要特產。此外，七股又得天獨厚，擁有面積約1,600公頃的潟湖，孕育豐富的魚蝦貝，也孕育七股的世世代代。

　　七股主要漁港是龍山漁港，正因為外海有沙汕環繞，形成天然屏障，每年冬至前後的烏魚汛季，就是漁民大顯身手的時候，也是許多漁民一整年的希望所繫。

　　七股主要養殖魚塭集中在「三股仔」曾文溪出海口北岸，包括「美國塭」與「海埔新生地」。在政府輔導開闢魚塭之前，早在清光緒年間，「三股仔」就有魚塭。根據文獻記載，1887年（清光緒13年）在九股仔聚落就有陳慶、陳晚、黃格、黃和、黃幸、黃通、黃待、黃朝和黃大自等9人合夥開闢魚塭，聚落之名就是這樣來的。

　　美國塭或俗稱美國塭仔，是首任臺南縣長薛人仰時代，為了開發七股水產養殖，透過關係借用美援經費，在西岸新浮覆地開闢的魚塭區，因此一直援用美國塭之名，面積共470公頃，冬季是黑面琵鷺主要覓食區。美國塭有虱目魚專賣店，可以嘗盡鮮魚各種吃法，老饕都會往這裡跑。而美國塭仔以西的遼闊魚塭，便是原臺南縣政府於1950年開發的500公頃專業養殖區，到了1963年又增闢3,000多公頃虱目魚塭，和汕頂造林區面積合計4,000公頃。海埔地魚塭西北方曾為「臺灣省水產試驗所臺南分所」。

❖　**北門魚塭專業區**

　　海岸北面的北門傳統魚塭，以雙春大約600多公頃為特色，漁民主要以淺坪式養殖虱目魚為主。三寮灣約有200公頃的養殖魚塭。而位在蚵寮的保安魚塭，保存著紅磚水岸和綠草水路，正代表著漁家的奮鬥史。保安塭建於1952年，耆老洪秋蓮說，「保

安塭，是當地出生的前縣議員洪清賢排除萬難，爭取開發的。外人眼中，窮困潦倒的蚵寮人，用青春挑土做岸、用血汗引水養魚，許多人從手無寸鐵變成家有恆產。」緊鄰保安魚塭的，原是內海的海域，原臺南縣政府於1986年開發海埔新生地，並於1990年啟用。海埔地之外，就是王爺港汕。

養殖漁業整體開發後，終於給貧瘠的偏遠地區帶來巨大改變：在地就業人口增加，漁家子孫都有世代相傳的心理準備；經濟改善，生活品質隨之改善，人們漸漸走出疾病和痛苦的陰霾；間接帶動了水產食品加工、水電、飼料、販賣等行業的興盛。

但隨著國人經濟普遍富裕、飲食習慣改變等因素，使得養殖漁業逐漸低迷，鹽漁之鄉期待著的是，創新經濟能把年輕人盼回鄉來。

曾經，政府相當重視漁村體驗活動，然而活動的精神能否延續與落實，才是漁鄉子民所關切的。

　　1995年夏天，當時的臺南縣區漁會，籌辦北門鄉「保安魚塭」養殖漁業體驗營「魚響・餘享」，以及後來臺南縣政府、北門鄉公所等單位在「海濤園觀光休閒漁場」策辦的北門鄉體驗漁業活動，標示了漁業轉型的新趨勢與契機。時光流逝，漁民期盼的漁村第二春，是否真的到來？

❖ 陽光下享受鄉土滋味

　　「看我的、看我的──哇塞！好肥好肥的虱目魚！」
　　「哇──爸爸，你看，魚上網了，好多魚，好多魚在跳哪──」
　　「快來看、快來看！我抓了好大一條魚嘞！」
　　不少皮膚白皙的小朋友，在活動中嘗到了刺熱的陽光和撈魚的辛勞。這分夾雜著豐收之喜的苦，讓老一輩的勾起童年回憶，新一代也領略了漁民的奮鬥精神。儘管這些活兒，不過是養魚人家辛酸血淚的一丁點兒，人們已深刻體會，養魚人家，真辛苦！
　　眾人捲起褲管、光著腳丫子，涉足池水中，讓自己濺起一身鹹水、沾滿一身泥巴，那樣的畫面充滿了趣味，也充滿了感動。
　　當時的活動會場「海濤園」，是海埔新生地一隅，滄海桑田，漁民將艱辛的養殖工作化做遊樂園，迎來數千男女老幼，拋手網、撐竹筏、弄花鰍、摸文蛤，擁抱鹽鄉的文化陽光。
　　歡笑聲中，虱目魚塭裡，全副武裝的漁民展露捕撈虱目魚的真功夫，一條又一條兩臺斤重的肥美虱目魚，看得眾人目瞪口呆，也成了攝影人士爭搶的鏡頭。
　　捕撈虱目魚，是漁家辛苦大半年之後的成果。大張魚網漸漸

　　靠岸時，落網的魚兒急竄跳躍，濺水聲越來越震耳。在陽光下，閃閃亮眼的魚兒，跳得越熱鬧，表示撈得的魚兒越多，漁家心情跟著雀躍與盪漾。

　　豔陽高照，海風吹拂，參與活動的大人小孩都玩髒了衣服，也都體會到漁村甘苦。「海濤園」特別邀請大家清潔海灘，為活動畫下健康、環保的句點。這也是發展光觀休閒漁業，同時要兼顧的生態和環境保育精神。

天仁工商第12屆（1972年）同學錄裡，收錄著的龔聯禎特寫照片。（照片由龔玉葉提供）

劇辦人 龔聯禎先生

龔聯禎與子女們，大約1939年拍攝於新營的照片館，前排（左起）是年約6歲的長女玉葉、老三英顯、老二麗葉。（照片由龔玉葉提供）

1937年創建的龔聯禎故居維護良好，但洗石子曾因歲月而出現黑汙。

龔聯禎故居

龔聯禎位在新頭港的故居掛牌。

2020年夏天，後人請專家清洗，老宅重現洗石子裝飾之美。

龔聯禎故居，紅瓦、石灰、木構混合建造的三合院民宅，歷經修繕，保存完好，木格子窗或門扇透露著古樸。

龔宅門扇內老式門栓，發人思古幽情。

側門門框裝飾，與外牆圖飾相得益彰。

馬背上的懸魚裝飾，繁複而典雅。

1 龔家故居每個方位都看得到建築上的講究，這是三合院後牆。

2 廚房裡保留老灶。

3 屋內門聯書法和樑枋彩繪，充滿書卷氣息。

4 不論客廳壁面人物、花鳥、詩文彩繪都具極高的藝術性。正廳牆面下方是洗石子浮雕，上方是楹聯與卷軸式字畫，一派文人氣息。

5 貼有古典花磚的這面牆上，由書法家李賜端題字「龔聯禎故居」。

龔聯禎
工商鉅子，豆餅、麻袋拓展事業版圖

> **龔聯禎（1906～1980）**
> 2015年獲列經濟類臺南歷史名人
> 2016年新頭港故居掛牌

　　只要提起臺南幫，與臺南幫第一代領導人同庄的龔聯禎，這名字或許陌生。然而，若是聊起製造飼料「豆餅」起家的「新生製麻廠」，也就是新營人稱的「豆箍會社」（臺語），老員工的記憶便點點滴滴浮上心頭，老頭家龔聯禎，這名號格外清晰。

　　2000年間，筆者應「新營市公所」（今新營區公所）邀請，撰寫新營傳統產業，當時拜訪了「新生製麻廠」時任當地民榮里里長的賴明池先生。老里長協助筆者訪談多名老員工，勾勒出「新生製麻廠」的故事。龔聯禎其人其事，也就黑白影像般，歷歷在目。

　　1906年，龔聯禎出生於赤貧的學甲新頭港，家境清寒，17歲失怙，因而養成獨立堅毅的意志。他最初學習營建工程，靠著信譽，快速建立自己的事業，製麻袋工廠更奠定了良好的事業基石。

　　飼料「豆餅」的臺語諧音「豆箍」，乍聽像「大箍」（大胖子），許多人習慣以「大箍會社」稱呼麻袋工廠。製麻袋工廠自1955年建廠，員工最多曾有500多人，兩班制全年無休，曾造福數百個家庭、加速新營地區繁榮發展。然而，隨著塑膠時代來臨，麻袋難擋時代的洪流，大約在1977、1978年間關閉了。

這地區，位在新營裕民路一帶，早年有磚窯。龔聯禎是在戰前買下磚窯，改經營「豆餅」會社，佔地數甲。當時各地來的員工多達一、兩千人，社區內有些僅存的平房聚落，曾是昔日員工宿舍，而且，許多員工是學甲新頭港來的鄉親。龔聯禎的長女龔玉葉回憶說，父親和新頭港同鄉吳修齊等長輩們，都懷抱著飲水思源和人親土親的想法，在外創業有成，便召喚故鄉子弟出外謀職。他告訴鄉親：「只要你們樂意，就來我的工廠做事。」

❖ 龔氏企業的發跡

一位與龔聯禎親近的老部屬，憶起陳年往事，如同昨日。他告訴筆者，二次世界大戰前，龔聯禎原是承包製糖會社工程的。戰時，盟軍飛機轟炸臺灣，製糖會社嚴重毀損停工。戰後，百廢待舉，龔聯禎的事業重新開始，起先做農作物加工廠，並且製造豆餅賣給農會，同時也做麻布袋工廠，工廠取名「新生製麻廠」。設廠時因為向英國購買機器，老員工還留下兩位英籍工程師駐廠時的合照。

豆餅會社製的，是專做飼料用的，後來由新生製麻廠製造的麻布袋，主要供應糖廠和米廠包裝之用。後來龔家事業改投資泰國製麻廠。

最令人印象深刻的是老員工王益，他自課長職務退休，談吐不俗。他早期派駐泰國廠，工作餘暇得以遊歷當地風光。往事娓娓道來，他告訴筆者，新營的員工宿舍曾歷經大水災，家家戶戶收藏的老照片所剩不多了。

　　戰後，臺灣工商業迅速發展，龔聯禎一方面意識到工商業要發展，必須先培養工商人才，一方面因自己出身貧困，好不容易闖出一片事業而亟欲回饋家鄉。

　　「父親年少失怙，他一生最大的遺憾，就是未能受到很好的教育。他創業有成之後，就下決心要傾全力資助家鄉辦教育。」龔玉葉說，父親20多歲時，賺了錢就在家鄉新頭港打了一口井，供鄰里方便用水，另外，出資捐助鋪設村落道路和聚落護龍。事業更有發展之後，還在村落裡蓋了活動中心，昔日稱「部落」，供鄉親開會、並且設立幼稚園。

　　龔聯禎甚至獨資興學，於1958年在學甲創立天仁工商高級職業學校（以下簡稱天仁工商職校），成為當時臺南地區首創的私立學校。為了辦好職校，他還到處禮聘名校師資，「為了興學，父親可說是傾其所有，在所不惜！」龔玉葉苦笑著說，父親連家裡的鋼琴都送到學校去了。

❖ 製麻廠的春天

　　筆者初次走訪新生製麻廠舊址時，沒有搬走的老員工大約還有50多戶吧？儘管製麻廠的時代已逝，每天一早，太太們買了菜回來，就會聚在巷子口昔日規劃的休憩區閒聊，社區也展現著不一樣的熱鬧氣息。

　　大家最初是不願多談的，也許是記憶模糊了，也許是不堪回首黃金歲月來匆匆去匆匆吧！

　　王益自己是1958年工廠招考時，通過面試的，「當時附近工

廠很少，找工作不容易，製麻廠的工資比糖廠好，」王益回憶當時的起薪是每月300元。製麻工廠主要製造糖廠所需的麻布袋，工廠機械全年無休。員工是「十二班交代」的，也就是兩班制，一上工就要做12小時才交班休息，他說，這麼長的工時，居然還有人連續5、6年都拿全勤獎。

製麻袋主要是向農民收購黃麻，當時產地以屏東和臺東為主。黃麻到廠之後，要經過剝皮、洗、浸、去外皮膜、抽絲、精製，最後才是紡織成麻布、裁剪之後產生成品。

「顏老工程師」原是學電機的，他在龔聯禎事業正發達時期，原是在「新生製麻廠」附屬的貨運行擔任電機維修師。有一次在餐廳，經朋友介紹結識了龔聯禎，頗獲欣賞，於是被留在麻袋工廠。那時麻袋工廠正在裝車階段，他的電機專業正好派上用場。

1954年麻袋工廠開工之後，各地女工不辭遠道而來，就想爭取謀職。附近餐飲店跟著如雨後春筍般開張，每回工廠交班，工人一波波湧向街頭覓食或聯誼的熱絡景象，很難想像新營街頭曾是那般景象。後來，塑膠產品普及，麻袋工廠逐漸被時代淘汰，最終閉廠。

回想工廠機械從不間斷的生產時期，經常有學生前往參觀。工廠很大方，會送給每個學生各兩支鉛筆，還有新營老店「滋養軒」餅店的小糕點，小朋友開心極了。於是各地學校近悅遠來，參觀風潮持續了好一陣子。

❖ 工廠作業模式，傳統產業與社會文化縮影

老員工對工廠多心存感激。許多人一致說，待遇好又安定，而且老闆龔聯禎很善待員工，除了福利好，逢年過節也都會買禮品贈送員工。說起福利好，從老舊的宿舍區仍依稀可想像當年完善的廠區規劃，與人性化的設施。

王益昔日受訪時，騎著單車帶筆者在宿舍區繞了一區，北邊原有的員工餐廳、理髮部早已是廢墟，向內探去，有幾條狗忠實地守著，單身宿舍區也已出租，那是廠外宿舍，專提供結了婚的員工攜家眷同住的；工廠內另有大宿舍供單身員工住宿。

男員工主要負責粗重的洗麻、剝麻和機械維修，女工從事紡紗和織布成品。女工總是比男工多，而且女工結婚後就被解僱，也就是說，工廠內都是未婚男女，因此聯誼風氣很盛。王益幽默的說，自己也是近水樓臺娶了女同事，太太婚後專心主內和照顧陸續出生的 3 個兒子。

「那個年代都是靠媒妁之言，男女談戀愛都不敢對家人說的，」王益認為是工廠文化，成就了自由戀愛風氣加速成長。

話說男女聯誼，「每逢星期日交班時，因為工廠小姐多，下班時間一到，就是男生等女生的盛況，大夥兒通常都相邀到烏山頭水庫風景區或是關仔嶺，聯誼活動促成了不少佳偶。」

❖ 製麻產業走向冬天

當時新生製麻廠在新營創設一廠之後，快速在臺南府城拓展分廠「生新製麻廠」，接著又大規模擴展娛樂事業，還在泰國獨資

設廠，最後因銷路不佳易主。後來國內黃麻產量銳減，主要仰賴泰國進口，加上塑膠製品普及，取代麻布袋，傳統製麻產業成夕陽產業。國內外廠的窘境交相煎熬，最後變成賣機械給泰國的製麻廠，以技術轉移之名派員到泰國指導生產。

王益曾被派到泰國4年，1975年返臺後，新生製麻廠已好景不常，後來，土地賣給建築商營建販厝，結束22年如曇花一現的製麻歲月。當年派駐泰國的員工，有些舉家移民，有的另組家庭，留下在臺灣的家人破碎的心，為製麻袋歲月編織些許傷感的情節。

「閉廠時，我的月薪是2萬元，」王益望著牆面斑剝的宿舍，眼神透露著曾經帶領大批員工在生產線上締造佳績的驕傲，還有幾分不捨和無奈。

短暫的製麻廠確實曾經為數百位員工創造生命的春天。工廠在那個臺灣工業才剛起步的年代，青年人紛紛到大城市的加工區謀職，龔聯禎在新營地區創造了麻袋王國，提供了數百年輕男女不必遠走他鄉的工作機會，成了數百個家庭安定的力量。

那年，筆者到訪時，正是農曆春節前夕，當時70歲的邱李愛笑看著屋外長廊談話聲正熱絡，也打開話匣子說，她是23歲嫁給學甲中洲的邱榮華。邱榮華是龔聯禎的外甥，最早住在廠區內的宿舍，婚後生了長女就舉家遷往廠外的宿舍。

當時77歲的黃金澤是負責運輸和會計的，他31歲就進入製麻廠工作。他回憶工廠極盛期，每天生產1萬8,000個袋子，製麻的周邊事業包括貨運行，取名為「新生貨運行」，最遠運送麻袋到花蓮糖廠，每次大約是20車同行。當時貨運行也負責臺灣省糧食

局在曾文溪以北的稻米、肥料運輸。

「那時一車一個司機跟著兩個工人，沒有推高機，全靠工人扛貨。由於交通不發達，多半是石子路，從新營開到花蓮要 10 個小時，一路巔陂到花蓮，新車也抖得毀了大半了。」黃金澤訴說當年運貨的辛苦，但同行工人一路說說笑笑，也是令人懷念的時光。

龔聯祥曾任副廠長，筆者當年到訪時，他的太太龔陳麗香和子女仍住在宿舍區，她每天在屋外曬曬太陽，和開設美髮店的房客聊聊天。她也分享了許多龔副廠長在泰國廠生產線上的情景，還有員工在當地的生活樣貌。龔聯祥後來也擔任天仁工商職校董事。回顧製麻工廠在那個年代就已拓展海外事業，姑且不論後來的成敗，也已是國內傳統產業發展史上的一個篇章。

❖ 天仁工商高級職業學校草創時代

正當龔聯禎事業如日中天，他不忘回饋故鄉，同時也考慮了工商業發展必先以職業教育為基礎，於是進一步延伸志業觸角，發展文教事業。於是 1958 年，他捐資興學創設了私立天仁工商高級職業學校。

1957 年到 1962 年是天仁工商職校的草創時期，當時的董事會和行政人事可謂一時之選，不乏各領域名人。在賴英仁先生「天仁 35 週年的回顧與展望」文中提到，此階段校長為吳石山。龔聯禎創校後，1958 年即聘請聞人黃朝琴、吳三連、高文瑞、陳華宗、黃逢平、李六、陳益茂、莊維藩、吳煥堂、毛昭江、吳石山、林

振慶、林迺敏、謝星耀等為董事，成立第一屆董事會，並且推選吳三連先生為董事長。

天仁工商職校奉准設校後即招生，設機械及商業科各兩班，學生130多人，於1958年10月20日為校慶日。吳石山校長在吳三連任臺北市長時擔任教育局長7年之久，他到任天仁工商職校校長5年之後，學校設備已逐漸充實。值得一提的是，當時歷屆畢業生悉在創辦人龔聯禎的關係企業就職，故而在地流傳著：「能進入天仁，畢業即就業，職業有保障，」在當時頗受社會注目。

1962年至1975年代，也就是高文瑞校長階段，高校長係將軍漚汪西甲望族，日治時期畢業於臺北國語學校師範部，任教於臺南多年，後來出任佳里街長。高校長戰後任職「臺南縣北門家政學校」（北門高中前身）及「北門農校」校長多年，可謂桃李滿天下。1952年，臺灣省實施地方自治，高校長當選第一、第二屆臺南縣長，曾因歷年考績名列第一而蒙故總統蔣中正先生召見。

高校長在天仁工商職校任職13年，期間曾創刊《天仁學園》，增設補校，籌設汽車修護科、電工科、機械製圖科等，提供學生更多元的技職教育。1975至1990年代，學校由佳里望族林秋龍出任校長。林秋龍曾任臺灣省議員，在天仁工商職校15年治校期間，特別重視學生品德，曾籌設機械製圖科等。林校長任期後期，龔聯禎的時代也畫下了句點。

常輯成先生在天仁工商職校建校35週年校刊中，以「不朽的龔聯禎先生」悼念龔先生。文中說，龔聯禎自幼聰穎，每回課堂聽講總喜歡望向窗外，但遇老師發問，都能接應作答，學習能力

天仁工商職校1958年董事會成立紀念合
影。前排左起陳華宗、吳三連（左三）、
高文瑞（左四）、龔聯禎（右三）等。（照
片由龔玉葉提供）

天仁工商職校1958年第一屆學校開校典
禮盛況。（照片由龔玉葉提供）

1972年，天仁工商職校第12屆師生合
影。（照片由龔玉葉提供）

天仁工商職校慶祝創校23週年，學生粉
墨登場。（照片由龔玉葉提供）

天仁工商職校昔日慶祝國慶，樂隊表演吸
引校外民眾圍觀。（照片由龔玉葉提供）

天仁工商職校昔日慶祝臺灣光復節，著制
服的遊行隊伍整齊有朝氣。（照片由龔玉
葉提供）

很強。後來因為無力升學，讀完高等科（初中）就輟學了，成了
他畢生的遺憾。但龔聯禎從此立志朝實業發展，種下了他日後發
展多元事業的基石。也正因為他深刻體會兒時失學之苦，創辦天
仁工商職業學校時，以「天仁」為名，是為了紀念尊翁名號。「天
仁」曾招收不少失學青年，資質並不高，但在當時縣內高中職校
舉行的各項比賽，都能與前鋒高中爭冠亞軍，落實了適才適性教
學的精神。

　　「不朽的龔聯禎先生」文情並茂，當年用於勉勵學子，意義
深遠。特別在社會快速變遷的今日讀來，龔聯禎嚴謹的工作態度
更覺得人情味濃且發人深省。文摘於下：

　　龔聯禎年少時就很有生意眼光。他常就教於長輩問：「做工
獲多少？」曰：「一日工資爾！」問：「領班工資若干？」曰：「可
獲倍許。」問：「包工者獲利如何？」曰：「數十百倍不等！」先
生曰：「吾從此學包工矣！」於是朝研夕討，專做他人所不敢做
之巨型工程，或餘或損，日起有功。其後每多奇蹟，如包糖廠煙
囪，高 20 餘公尺，在竣工限期內以簡陋工具，利用經驗，省工堅
固，克期完成，使糖廠得以按時試車，雖「日人」工程師，無不
為之豎起姆指。

❖ 豆餅事業發跡，拓展娛樂事業獨領風騷

　　美援時期，與龔聯禎同鄉的吳三連爭取到美援大豆，龔聯禎
因為豆餅事業發跡而購併臺南府城一家製麻廠，地點位在一處墓
園，土地多達 10 多甲。後來產業變遷，製麻廠所在地改創設「天

仁兒童樂園」及相關事業，在當時可說獨領風騷。

　　那個時候，通往府城臺南市的路還是牛車路，1961年天仁兒童樂園（大約1973年之後，易主改名「元寶樂園」），和天仁大酒店等娛樂休閒事業開張，帶動了附近繁榮。天仁娛樂事業開幕的舞臺，就已是很時髦的升降式舞臺！開幕當天人潮水洩不通，盛況空前。當時的天仁兒童樂園就在開元寺對面，因為遊客絡繹不絕，干擾清修之地，龔聯禎為敦親睦鄰而先後斥資修寺、增建外圍大門，並贊助蓮池寶塔新建工程。

　　天仁兒童樂園引進的機械式遊樂器材，讓孩童為之著迷，在南部可說名噪一時。「當時門票每張20元，園內設計了聲控小火車，十分前衛，連成大的學生都看不懂其中道理！」「顏老工程師」昔日受訪時，邊回憶邊露出得意的笑容。

　　相關事業接著有「天仁大酒店」，龔聯禎旗下公司餐會或吃尾牙幾乎到自己經營的酒店。開設在府城開元路的天仁大酒店組有舞團，開張時，在南部也算是很有水平的表演團隊。

　　還有天仁保齡球館，打一局15元。「讓我說給你聽，」「顏老工程師」眼神很專注的說，當時臺北榮星花園的保齡球館開張也算早的，但還是採用人工排球。「我們是到美軍顧問團的球館去偷看偷學來的自動化系統，回到臺南立即試做。我們稱得上是臺灣第二家保齡球館，但要說設備全自動化，可以說是全臺第一囉！」老工程師說著說著，又露出只剩幾顆牙的笑容，他打趣說，「我們自己設計的機械畢竟不夠精密，球經常在球道上滾得鏗鏘作響，磨損得叫人捨不得啊！」

　　龔聯禎白手起家所創造的多角化事業，不勝枚舉，養豬、榨油、製麻袋、建旅社、造舞廳、餐廳等多元發展，齊頭並進，獲利豐碩。尤其是龔聯禎一手策劃開辦的天仁兒童樂園，施工完成到開幕，不但轟動南臺灣，也因為從未出險而曾經傳為佳話。

　　老朋友眼中的龔聯禎，除了事業遠見之外，他的工作精力特別教人折服。他總是由臺北公司乘晚班車，次日清晨抵達臺南，就即刻召集同仁，交待運作流程，中午以便當裹腹，精力非比尋常。所以說，他的事業蒸蒸日上，並非從天而降。在平日的生活中，龔聯禎的子女都受高等教育，他仍不改樸實作風，例如每次餐宴過後的餘食，他都讓同仁分別帶回，從不浪費食物。

　　龔聯禎生活篤實，畢生待友以誠，樂於助人，不幸於1980年2月27日清晨與世長辭，享年74。2015年，龔聯禎獲列入臺南歷史名人（經濟類），2016年故居掛牌。2020年夏天，龔聯禎長女龔玉葉僱請專家清洗父親故居屋外的洗石子牆面，古厝裝飾之美再現。

致謝：

　　筆者最早於2001年撰寫《再紡麻袋會社》，感謝當年仍居住在會社老宿舍的龔陳麗香、王益與「顏工程師」等人，熱心接受採訪並且分享他們曾有過的製麻廠歲月。如今，2020年夏天，撰寫龔聯禎的故事已相隔近20年，物換星移，多虧了天仁工商職校龔玉葉董事長、王宏仁校長提供珍貴的故事並授權提供老照片，特此致謝。

龔聯禎先生重要紀事

1906年 出生於學甲新頭港。

1955年 新營新生製麻袋工廠建廠，在新營的事業風光大約22年。

1958年 在學甲故鄉創設私立天仁工商高級職業學校，為當時臺南地區首創的私校。

1961年 府城原設立的製麻廠改為天仁兒童樂園、天仁大酒店，開幕時轟動一時。

1980年 2月27日清晨與世長辭，享年74。

2015年 獲列入臺南歷史名人（經濟類）。

2016年 臺南市政府為故居掛牌。

吳清友
漁村子弟，創造永恆事業誠品即生活

吳清友（1950～2017）

2018年獲列經濟類臺南歷史名人

　　知名連鎖書店「誠品書店」創辦人吳清友，38歲那年大病初癒時，開始追尋理想人生。他所創辦的誠品書店成了都會重要地標，締造了品牌獨特的連鎖書店王國，而誠品敦化南店更首創全球24小時書店，創造「臺北夜未眠」的文化象徵。

　　身為馬沙溝漁村子弟的他，甚至在有生之年，實踐了將書店開到非都會區的自我期許。

❖ 出生偏鄉漁村，父親樂善好施

　　吳清友出生於將軍馬沙溝的平沙里（舊稱平沙村），父親吳寅卯長年從事養殖漁業。昔日養殖漁業極盛一時，吳家樂善好施，濟貧助學不落人後，在地方上德高望重，曾創辦家鄉的長平國小並擔任創會家長會長、擔任馬沙溝李聖宮廟主任委員及名剎南鯤鯓代天府的信徒代表等，奉獻地方事務不落人後。

　　吳家有9個子女，排行老五的吳清友形容自己曾有過不學好的徬徨少年時，臺北工專機械科畢業後曾任半年老師，後來為了幫忙家計而到飯店餐廚設備公司當業務員。由於他為人與能力都受到肯定，因緣際會，他的老闆決定去中國大陸做生意時，以較

誠品創辦人吳清友先生。（照片由誠品股份有限公司授權提供）

優惠的價格將公司轉讓給他。天時地利人和，時逢世界第二次石油危機剛落幕，臺灣正展開十二項建設，產業正要邁向高科技的1980年代，31歲的吳清友將公司改名「誠建」，以品牌概念闖出一番傲人成績，就連私人投資也連翻獲益，很快累積可觀的財富。

吳清友的小學同學，曾任馬沙溝社區發展協會總幹事的吳先甲先生曾憶及，吳清友小時候個性就很隨和，事業有成後，常與鄉親聯絡，20多年前曾以他父親名義捐贈30萬元藏書給社區籌設圖書館。聊起童年往事，和吳清友是鄰居、也是同窗的吳先甲曾告訴筆者：「咱草地孩子嘛，兒時的趣味是一籮筐喲！」吳清友讀小學時，家境已經改善，零用錢較為寬裕，身上經常帶著糖果、玩具等新鮮玩意兒，若是懶得作功課時，就以小禮物交換，找同學捉刀。吳先甲笑著說自己也曾經是吳清友的「文抄公」哩！

38歲那年，吳清友已從「貧窮的草地囝仔」成為事業有成的企業老闆。他經營高獲益的餐飲廚具事業正值高峰期，老天卻跟他開了一個莫大的玩笑——他突然病倒了。

❖ 38 歲大病一場，成就創辦書店機緣

　　那時正值 11 月，檢查之後，吳清友被確診為「馬凡氏症候群」，狀況緊急必須進行人工瓣膜與人工血管手術。經歷生死關頭，吳清友對一路上的貴人充滿感恩，同時也深感生死無常，他告訴自己：「既然生死由不得自己，至少可以選擇如何過自己的人生。」於是，開書店的人生理想獲得具體實踐的機緣。

　　「1988 年，我深覺自己的渺小，生命的無常，想追尋一處能讓身心安頓、心靈停泊之所在，將活了 38 年的生命歸零，創辦誠品，人生重新啟程。」吳清友在《誠品時光》序文開頭就這麼陳述創辦誠品的緣由，並且回顧了曾經承受誠品賠錢 15 年重擔仍不改其志的歷程。

　　吳清友回顧過往的筆調，看似雲淡風輕，卻是經歷生死邊緣而重新定義的生涯足跡，他甚至深刻明白自身的不自量力與無可救藥的樂觀，仍迎向諸多困境與挑戰，並且充滿了感恩。他在往後的人生中更積極回饋社會，不論是資助藝文團體、社會公益都不落人後。

　　1989 年 3 月 12 日，第一家誠品書店在臺北市仁愛圓環地下樓的一個角落裡誕生了。誠品書店公關主任李玉華當時就說：「這是一個精緻又古典的夢想。」吳清友並沒有把誠品當成單純的書店，他堅持不做傳統書店，誠品的空間與氛圍設計也不是制式商場，而是為了營造一處「款待書、款待人、款待心情」的場所。也可以說，誠品以「人文、藝術、創意、生活」為起點，堅持不賣升學用教科書以及庶務性文具，最初消費者還真不習慣。

　　吳清友當初創辦誠品的心路歷程多少受到父親影響。他在日後的回憶中也提到過，經營誠品過程中，每每遇到困境都能勇於面對與承擔，這不能不歸功於自己在漁村農家的成長背景，還有父母在絕處仍能樂天知命的身教言教。

　　1950年吳清友出生於將軍馬沙溝漁村。鹽分地上耕作不易，居民多以養殖為業，尤其是早期漁村每逢海水倒灌，有限的農作更是血本無歸。他的父親吳寅卯，從日治時期到終戰後的時代，白手起家成為罐頭工廠董事長，56歲時因為作保受牽連而破產。但他為了不讓9個子女日後被人指指點點，毅然決定坦然回鄉面對一切，從頭過著挑糞、耕作與養魚的日子。當時9個子女仍嗷嗷待哺。

　　吳清友的父親最終沒有倒下來，並且還能回餽鄉里，例如1956年創設馬沙溝第一所小學長平國小，免除漁村子弟遠行就學之苦，同時也熱心投入地方寺廟改建工程。老先生於88歲離世時，遺言是要子女捐出全數財產給遭遇海難的家庭。

　　父親硬氣、有擔當又求精進的人格，一直是吳清友畢生的典範。吳清友並且以父親畢生對父母、弟妹、朋友、子女和家鄉社會毫無保留的奉獻，感到光榮。

❖ 父母親的身教影響一生

　　吳寅卯為了引導兒孫奮發向上，為自己的家族留下一步一腳印的生命史，於86歲生日前夕得嘗宿願，完成了回憶錄。吳寅卯回憶自己擁有8個兄弟姐妹，都在茅屋出生、長大，而自己5歲

家鄉馬沙溝的長平國小。

起每天晨起第一件工作就是撿拾豬屎，曬乾後出售，用以貼補家用。[1]成長過程中，他常在夜裡獨自到海裡抓魚，經常在天未亮時，挑水肥灌溉農田和魚塭。

　　回顧窮困的成長歲月，可以說是那個時代漁家子弟的生活縮影。吳寅卯深深感受到，貧窮與落後是漁村的象徵，然而，他也牢記著，漁村有數不盡的人間溫暖。

　　吳清友小時候也跟著母親下田，每次遇到天災，農作物血本無歸，農家人只能欲哭無淚。那時候，小小年紀的吳清友無法理解，老師為什麼說：「一分耕耘，一分收穫」，母親卻笑著告訴他：

1　吳寅卯口述、吳三治撰記，《留待兒孫看：吳寅卯口述自傳》，1995年6月初版，頁31。

時節進入深冬，馬沙溝漁家忙著曬土魠魚片。

彩繪牆上給了漁村風景不同的趣味。

曬烏魚子也是馬沙溝的重要產業與風景，彩繪畫面讓遊客
印象深刻。

「我們真正能擁有的，其實正是我們的付出……。」吳清友經常想起母親的話，也對父親從清貧到小富，從小富復歸大貧而又能重新出發的生命韌性，感念在心。

　　吳清友在《誠品時光》感性的說：「假使沒有活過那個年代，沒有碰到這樣的父母，當我面臨病痛與經營的困境時，能否度過，這會是個問號。我心裡明白，不是自己厲害，是因為有這麼多好因緣給我力量！」[2]

　　也因此，吳清友走過1989到2004年看似令人激賞的誠品時光，卻是虧錢15年的漫長歲月裡，他自稱是壓力最大的人，卻也是「所得」最多的──正因為，保有一顆農夫的心也讓他保有這般阿Q精神。就好比吳清友最欣賞的雕刻家陳夏雨（1917~2000）忍受逾半世紀的孤苦，一件作品要歷時數十年完成，相形之下，吳清友所承受的也不算什麼了。

❖ 誠品二字寓意深長

　　2003年6月11日聯合副刊的文學現場上，吳清友與漢聲雜誌總編黃永松對談時，他細說「誠品」兩字的緣由。吳清友說，「誠」，是他父親從前寫的；1960年，他要到臺南去讀書時，他父親就寫了許多「誠」字送給他，直到1966年，家中變成赤貧，他父親仍然在談「誠」字。他的父親於1997年離世，他方覺察自己竟花了37年時間才明白父親的用心。

2　林靜宜，《誠品時光》（臺北：遠見天下文化，2017年），頁97。

「財物有時而盡，唯一『誠』字終生受用不盡——
父親的訓勉」吳清友的父親吳寅卯口述自傳《留
待兒孫看》扉頁，附上吳寅卯書法「誠」字以及
對子女的訓勉。[3]

　　誠品官網「企業理念」這麼寫著：「誠，是一份誠懇的心意，
是一份執著的關懷。品，是一份專業的素養，一份嚴謹的選擇。
取名『誠品』，代表著我們對美好社會的追求與實踐。」[4]也就是說，
「誠品」二字，有父親的教誨，也有他自己的想法，加起來是一
種抱負，是一種品味，也是一種專業素養。對吳清友而言，文字
是世界的關鍵，也是個人生命的關鍵，他十分堅持的信念是：沒
有文字就無法創作，沒有創作就沒有書本，沒有書本，當然也就
沒有誠品。

3　筆者昔日到訪吳清友位在馬沙溝的老家時，鄉親贈筆者《留待兒孫看》，扉頁上就
　　是吳寅卯先生的書法「誠」字。書衣上是1987年吳寅卯獲選模範父親時的全家福。
　　吳寅卯手書給子女的座右銘「精神一到何事不成哉」也做為書頁設計，內頁並且收
　　錄吳家重要畫面，包括1984年誠建公司開幕剪綵畫面、吳寅卯投入家鄉事務與公
　　益所獲贈的許多獎狀，都深含著傳承意味。吳寅卯口述、吳三治撰記，《留待兒孫看：
　　吳寅卯口述自傳》，1995年6月初版。
4　誠品官網「企業理念」同時也敘述「誠品」英文名稱eslite，引用自法文古字「菁英」
　　之意，象徵「努力活出自己生命精彩的每個人」。

　　誠品書店的誕生，無疑的帶給臺灣一個新風景，媒體甚至形容臺灣書店可分為「誠品書店之前」與「誠品書店之後」。尤其是誠品新書為數相當可觀，早期並非大家都有錢買新書，書店也不習慣讓客人在店內免費看書。但吳清友說：「知識是靠書店傳播的」，於是，誠品不趕客人，就連封裝書也拆給客人看，看著看著，也就坐下來了繼續看了。

❖ 全球首家 24 小時書店誕生

　　特別是，1999 年誠品敦南店成為全球首家 24 小時書店以來，誠品精心打造的閱讀環境，成為許多人深夜的心靈食堂，也是學生放學，各行各業或名人都愛出沒的場所。在誠品席地而坐，輕鬆閱讀，成了無數人的青春記憶與知名的臺灣地標。誠品在香港、蘇州都有分店，在國際連鎖書店佔有一席之地。[5]

　　作家龍應台曾說，臺北的誠品在廣大的華人眼中，是一個重要的文化地標，誠品書店的成功也意味著我們在一個有人文的城市裡。余秋雨說：「我的心，並不只是鍾情香港，我對上海、北京、臺北也眷戀不已，對臺北的文化氛圍更是讚嘆。誠品書店，讓我回味不盡。」[6]

5　誠品敦南店因為租約到期，2020 年 5 月 31 日謝幕前就展開為期大半年的熄燈倒數活動，眾所期盼的是哪一處誠品將接續 24 小時書店形式，百貨超級戰區「誠品信義店」或 2018 年開幕的「誠品生活南西」一度都成了熱門選項。未久，誠品信義店於 2020 年 6 月 1 日開幕為新 24 小時書店。

6　林靜宜，《誠品時光》，頁 70。

1999年誠品敦南店成為全球首家24小時書店。（照片由誠品股份有限公司授權提供）

誠品書店讀者閱讀情景。（照片由誠品股份有限公司授權提供）

誠品精心打造出的閱讀環境成為許多人深夜的心靈食堂，圖為誠品信義24小時書店。（照片由誠品股份有限公司授權提供）

　　1989到2000年，誠品團隊新展店39家，1996到2000年進入尖峰期並曾創下年展店11家的紀錄。2001年之後的誠品又陸續進入校園、古蹟建築、科學園區、醫院甚至購物中心。

　　其實，隨著時代的變遷與大環境等諸多因素的衝擊，誠品在2000年到2003年之間，面臨一連串的考驗，經營十分辛苦。這段期間國內發生了1999年的921大地震、2001年9月發生納莉風災、2003年全球SARS疫情更重挫臺灣總體經濟。另外，誠品50多家分店，有不少無法自給自足，也都是誠品的難題。

　　為了止血，也為了讓誠品能繼續存在，吳清友聽進股東建議進行通路整頓，總計關掉十多家虧損連連的書店，同時開發具穩定客源的新形態通路，例如進入臺大醫院醫療服務體系並且曾經陪伴臺大一起度過抗煞艱困時期。誠品迎接新世紀的挑戰，進一步成立網路書店，拓展銷售通路，同時也積極延伸經營觸角，開展更多文化創意相關事業，得以理想與現實結合，從此才可以做更遠大的夢。當然，公司團隊的支持、家人的諒解，尤其是與吳清友兄弟情深的最小弟弟吳明都（誠品生活餐旅事業群總經理）對他一路相挺，並且為他作保，作保金額十分驚人，這一切都是最堅強後盾。

　　誠品從創立之初，就是以人文藝術書店複合畫廊、藝文空間、歐美工藝品牌零售，發展至今，經營內容已涵蓋書店、畫廊、複合式商場、文創平臺、藝文展演、旅館、電子商務、餐旅事業等多元業態。

　　「誠品」成了優雅生活的代名詞，也是家與辦公室之外，人

人喜歡去的場所。事實上，這段期間，也就是2001年吳清友再度
面臨生死邊緣。

❖ 二度生死劫，生命事業重重考驗

2001與接下來的2006年他接連遇上生死劫，事業面臨重重
挑戰。2001年他所面臨的是主動脈剝離的重大危機，他後來形容
那是最長的「ICU長假」，在加護病房整整17天，他一度考慮誠
品換人經營，從不在人前示弱的他也曾在筆記上寫下：「那一年，
我哭泣了4次。」

吳清友曾說，他不曾立志要誠品成為獲利最多、連鎖店最多
的書店。但是，他生長於南臺灣，對大自然和土地心存敬意，因
此，想開一家「農夫下田後、學生下課後」的去處，還想在美濃、
鹿港這些地方開誠品書店。2014年雲林虎尾店在古蹟建築裡誕生
了。

吳清友正是把內心浪漫夢想一步步實現的人。2001年8月，
吳清友在《聯合文學》承辦的全國巡迴文藝營中，以「我思與我
見」為題演講。當時他是抱病出席，那一場演講像是一場生命的
告白，他甚至講到眼角泛著淚光。回顧自己兩次重獲新生：1988
年大病一場後，成立了誠品書店；2001年7月13日，因為血管剝
離住進加護病房，醫院還發出病危通知，他體會到了生病有時是
一帖藥，讓他發現生命的欠缺，他也開始懺悔，思索未來。

吳清友始終給人的印象永遠是一襲白襯衫、卡其褲、素色領
帶，老爺賓士車多年沒換。物質慾望越來越低，心靈卻越來越富

有。他鼓勵青年朋友，與其當創業精英，不如當社會火種。2001年的這場大病之後，讓他體認到「今後的生命，對我而言都是bonus」。

有一回吳清友在敦南誠品二樓咖啡館小憩，那是他的幸福加油站。突然有個老太太認出他來，對他說：「感謝您讓不愛看書的人也走進書店，誠品真的很好！」仍在為虧損奮戰的吳清友獲得了莫大的鼓舞！

2006年起至2020年，誠品連續15年入選《CHEERS快樂工作人雜誌》票選「新世代最嚮往企業TOP100」前5名，2017年躍居第1名，也是這項調查首次有媒體文化事業登上寶座。吳清友連續3年進入臺灣yes求職網「畢業生涯規劃調查」社會新鮮人票選「夢幻老闆」前3名，其中2017年吳清友為第2名，第1名是當時的「台積電」董事長張忠謀。

❖ 誠品繼續創造都會傳奇與城鎮風景

2007年9月，吳清友之女吳旻潔升任執行副總，誠品逐步進入新的時代，熱愛誠品的人也都在盼望著，誠品在交班傳承之後，開創出新的風景。

《誠品時光》是記錄吳清友誠品品牌經營之路的新書，他卻於新書上市前夕因心臟舊疾復發辭世，享壽68。

吳清友最喜歡的作家赫曼赫塞對文學的註腳，是這樣說的：「要有輕微的喜悅，寧靜的心境，傾聽自己的生命。」

如今，越來越多文學作品裡，「誠品」躍為書中元素，「誠品」

不只是知識的媒介，還是都會男女企盼眼神交會與情感交流的據點。這也是漁家子弟吳清友透過誠品，創造的新的都會傳奇與城鎮風景。

吳清友位在馬沙溝老家留下的空地,提供雲嘉南風景區管理處進行3D彩繪增添人文風景。畫面中的誠品書店彩繪,頗有向吳清友致意的意味。

吳清友老家的一口井,平時已經封起,成為公共藝術的一部分。

磚造古樸的井。

吳清友的鄰居兼同窗吳先甲,昔日受訪回憶兒時的神情。

吳清友先生重要紀事

1950年　生於原臺南縣將軍鄉馬沙溝漁村。

1972年　畢業於臺北工專機械科（今臺北科技大學），畢業後曾短暫擔任教職。

1981年　承接誠建公司所有股權，成為正式經營者。

1988年　38歲第一次心臟大手術，歷經生死而思索開創「永恆的事業」。

1989年　3月12日，第一家誠品書店在臺北市仁愛圓環地下樓角落裡誕生了。

1999年　誠品敦南店24小時書店營業模式首開全球先例。

2001年　面臨主動脈剝離重大危機，在加護病房整整17天。

2004年　獲《時代雜誌》選為亞洲最佳書店。

2006年　獲邀為Discovery臺灣人物誌II代表人物。

2007年　女兒吳旻潔升任執行副總，誠品逐步進入新時代。

2012年　8月第一家香港分店「誠品銅鑼灣店」開業。

2015年　大陸首家旗艦店「誠品生活蘇州」開業；「誠品敦南店」獲CNN評選為「全球最酷書店」。

2017年　躍居《CHEERS快樂工作人雜誌》票選「新世代最嚮往企業TOP100」第1名。

2017年　7月18日病逝，享壽68歲。

2018年　「誠品生活南西」開幕。

2019年　誠品30週年，首度跨出華人圈，攜手日本三井不動產

與有隣堂書店開展日本首店「誠品生活日本橋」。

2020年　誠品敦南店配合大樓建物更新計劃，於5月31日謝幕。
「誠品信義店」3樓書店承接為全新24小時書店，以「多維世界，與你同步看見」嶄新定義，結合24小時不打烊音樂館與知味市集，打造「生活與晝夜閱讀的博物館」。

第四章

歷史舞臺皆傳奇

➤ 胡蘿蔔之鄉，將軍叫施琅

　　1683年，清康熙22年間，福建水師提督施琅將軍因平臺有功，獲封「靖海侯」，進而獲皇帝賜跑馬3日，西自馬沙溝，東至烏山頭，跑過的地方都是他將軍的領地。

　　據傳，施將軍最後落腳將軍庄，後代也世居於此。今日這個擁有「胡蘿蔔之鄉」美譽的鹽分地「將軍」，與300多年前的那位「將軍」如何時空交會？

❖ 地名「將軍」與施琅「將軍」的時空交會

　　「將軍」（今臺南市將軍區）極可能源自「施琅將軍」，這個說法，一直為鄉親所普遍認同，或說，這是一段耐人尋味，為後人

2002年拍攝，將軍地區胡蘿蔔採收盛況。

津津樂道的傳奇。

　　北門濱海這片鹽分地，人文薈萃，北起北門向南延伸到學甲、將軍、佳里、七股等沿海鄉鎮，[1]人才輩出。迄今已列冊的「臺南市歷史名人」當中，具代表性的前輩作家郭水潭就是佳里人，出身將軍的人物包括抗日烈士林崑岡、身兼醫生的前輩作家吳新榮、第一任「將軍鄉長」黃清舞同樣是位文人醫生。另外，中研院院士陳奇祿是學者、也是藝術家；創造「誠品」王國的企業家吳清友等聞人，都在臺南市歷史名人錄之中。

　　施琅「將軍」尚不在臺南市歷史名人之列，卻與「將軍」地

1　臺南縣、市合併升格為臺南市之後，原臺南縣區的鄉、鎮，皆改為「區」。

名，以及這片濱海鹽分地的開發史，密不可分。

　　靖海侯施琅將軍平臺功過迄無定論，昔日「臺南縣將軍鄉公所」為了探究「將軍鄉地名」來源，2002年7月7日起推出兩岸首度的施琅文獻展，8日並有施琅功過學術研討會。當時主辦單位也邀請了中國知名學者與會，入境申請因故未獲同意。

　　當時的「西甲文化傳習基金會」總幹事林金悔在記者會上說，過去海峽兩岸對施琅的評價多是負面，「臺灣方面甚至認為，施琅攻臺是項罪過；但近20年來，中國試圖藉由施琅平臺進行統戰，視施琅將軍武力攻臺及促進兩岸合而為一的第一號大將。」林金悔認為，施琅對臺灣史，特別是「將軍鄉史」有重要地位，為了還原歷史，尋找證據，他很欣慰當時在任的「將軍鄉長」陳進財主辦了相關活動。

　　活動前夕，當地耆老吳陳金內捐出古文物41件，包括她從婆婆手中接下清朝道光、咸豐年間官府所發的「地契執照」、「納戶執照」等文件，文中清楚看見，地主都為「世襲靖海侯業主施」等，證實施琅與佃農簽下的契約情形，可謂相當珍貴的史料依據。林金悔並且希望藉著歷史探源，教導下一代尊重自己的歷史，就事論事。

　　由學者許雪姬總策畫的《臺灣歷史辭典》記述：施琅征討鄭氏有功，清廷封為「靖海侯」，賜與廣闊的溪埔地主要分布在臺灣南部與澎湖，「施家以此招徠移住民開墾成田後徵收大租，此租為『施侯租』、『施侯大租』或『施將軍租』。」光緒年間清丈時由施琅後裔領單承糧。日治之後由於此等人不住臺灣，租地遂編入

施琅將軍紀念館正門牆，
擁有繁複的立體石雕。

廊道上石欄間嵌著的青斗
石板上，刻著「施」姓氏
與「靖海侯」官銜。而「靖
海侯一施」，為施琅所留
所有權狀的標誌。

施琅將軍紀念館外觀雄
偉，根據將軍社區發展協
會網頁的介紹，施琅將軍
紀念館又稱「臨濮堂」，
為後代、曾任監察委員的
施鐘响歷時10年於1999
年建設完成，建材和裝飾
都十分講究。

官有並由各廳徵收租金。究竟施式田租究竟含蓋有多廣？經土地調查，嘉義廳下約有209甲，鹽水廳下約有1,576甲，鳳山廳下也有約1,200甲地，因性質均屬大租，後來均被廢。[2]

「鄭成功有一個海將姓施名琅，施琅原為鄭芝龍的部將，因芝龍降清以後，從成功起兵於安平。」5年之後即1651年，施琅立功於廈門，吳新榮在《震瀛回憶錄》這麼寫道，施琅與鄭成功因處置一名犯令將校的作法不同而反目，施琅乘夜逃走，但其父弟皆被殺。由於廈門四面環海，施琅無船可渡，躲避荒谷遇一佃兵來鋤園，這名佃兵素聞施琅之名而給他飯吃，施琅才免於餓死。但鄭成功發令若隱匿施琅者必殺其一族，施琅便乘夜逃到安平。

未久，施琅降了清，10年之後被拔擢為水師提督。吳新榮以說書人一般的筆調寫下：「同是年輕武人，也會鑄了這樣大錯，誰知道這個提督20年後再來滅亡鄭氏一族，在革命的時代我不殺他，他就要來殺我了。」

❖ **年逾六旬，征臺終得願**

話說施琅掛上靖海將軍印即疏請攻臺，但出師到外海，就遇到了颱風而告敗，此後多次請攻臺灣，但清廷不贊成遠海之戰，甚至詔施琅入京並盡焚沿海戰船。施琅直到60多歲，聽聞鄭經已死又力爭征臺，一直到1683年，清康熙22年（明永曆37年），終於得以如願。吳新榮又記述：當他平定臺灣的時候，他也不忘他

2　許雪姬總策畫，《臺灣歷史辭典》（臺北：行政院文建會，2004年），頁575。

的舊主,即「刑牲奉幣」,祭鄭成功於延平王祠並有一文情並茂的文告,吳新榮以文人之筆這麼形容施琅讀了文告的情緒與心思:「他讀了後,即雙淚大下,好像他為要來臺灣讀這篇祭文,才那樣熱心地力爭平定臺灣一事,也許他對不住自己的滅國之罪,而勉強地說為忠朝廷而報父兄的。」文告內文為:

> 自南安侯入臺,臺地始有居民,逮賜姓啟土,世為巖疆、莫可誰何。今琅賴天子威靈,將帥之力,克有茲土,不辭滅國之誅,所以忠朝廷而報父兄之分也。但琅起卒伍士,義所不為,公義私恩,如此而已![3]

　　鄉親多半相信,「將軍」地名源自於施琅將軍,「將軍」既是施琅的勳業,何以今日「將軍」一帶以「吳姓」居多?這吳姓人家與施姓有何歷史上的關聯?吳新榮在《震瀛回憶錄》中即詳述了施琅的同鄉將校吳英。兩人都是福建省泉州府人,住在晉江縣十七八都錫坑鄉,有一條道路為界,一邊為吳姓宗族,一邊為施姓宗族。話說二將平臺之後,凱旋入京,施琅獲封靖海候,吳英被拔為四川提督,後再授福建陸路提督,再追加威略將軍。

　　吳新榮在家鄉「將軍」探源著墨甚深。他提到施琅跑馬最後,因馬斷了腿而落腳「將軍庄」建了將軍府,在「史邪加」(後來的山仔腳)附近建了公館並置一名督墾來監督墾戶,建公館處也就是後來的地名「公館」。最初的拓墾戶就是來自施吳老家晉江縣錫

3　吳新榮,〈拓荒者吳廷谷,開基於將軍庄〉,《震瀛回憶錄》(臺南:琊琅山房,1977),頁4。

坑鄉，其中一戶姓施一戶姓吳，姓吳的又搬來一戶，前者是正妻的子孫號為「大引廈」，後者是姨太太的子孫號為「小引廈」。大引廈的當主吳廷谷在吳新榮的筆下為漢族東漸一大支流的先驅。就在史邪加與歐汪（今日的漚汪聚落）兩平埔聚落之間，漢族所建的最初村落，也就是「將軍庄」的起源。[4] 吳廷谷是吳英的宗族，吳廷谷的第六代孫吳玉瓚正是吳新榮的祖父。

　　同樣是「將軍」子弟，林金悔在公職退休之後，以拾穗的心情與精神，不辭辛勞為家鄉著書立傳，多年來採擷並整理、撰寫為數可觀的人文史料。他正是在「將軍」地名探源過程中，獲得吳陳金內老太太捐贈施琅與佃農簽下的契約，經複製整理印製成書，做為探究施琅領地或占地證據。吳陳金內告訴林金悔，這些文件自她祖父時代就留下來，到她阿媽手上才交給她，她認為還是捐給「將軍鄉文史廳」較有意義。當時舉辦的施琅紀念展包括：「將軍鄉鄉名溯源文件輿圖展」、「靖海侯施琅督墾史料展」、「抗日烈士林崑崗紀念展」等。

❖　**施琅功過讓證據說話**

　　2002 年 7 月 8 日的「將軍鄉鄉名」溯源暨施琅功過學術研討會上，主辦單位邀請了石萬壽教授等歷史學者論劍。與會的資深中研院院士曹永和認為，學術討論不應有禁忌，施琅功過就讓證據說話，才有助還原歷史真相。研討會還邀請時任空中大學教授

4　吳新榮，〈拓荒者吳廷谷，開基於將軍庄〉，《震瀛回憶錄》，頁6

的蔡相煇、中研院研究員許雪姬、中正大學顏尚文、師範大學邱榮裕等學者發表論文。策畫籌辦活動的林金悔語重心長表示，期盼研討會能為「將軍鄉鄉名」溯源，更深遠的意義是擺脫禁忌，讓後代子孫更認識自己的歷史。活動出版的論文集，包括了中國施琅研究權威施偉青教授的論文。

施琅在清康熙22年間奉命攻臺消滅鄭軍後，力主清廷治臺，歷史對他的評價不一。他在臺領地究竟是勳業或是占地，亦是歷史學者探究的重點。施偉青教授的論文說，施琅入臺後非常重視和關心人民生產與生活，且指「統一」臺灣後，不僅使海峽兩岸人民避免戰火之災，而且促進兩岸社會的進步。許雪姬教授評論施偉青的論述時強調，研究施琅要還原歷史才做評斷，不能為了統戰而平反、美化施琅攻臺事件。

凡人皆有英雄崇拜情節，臺南地區許多地方由來也多與鄭成功部將及軍營有關。不過，舊名「將軍庄」的「將軍」是施琅在臺收租的總部，林金悔指出，學者多相信「將軍」之名極可能因施琅而得名，與鄭成功無關。至於施琅將軍功過，或許仍待更多研究與時空，給予更多面向的評價或定位吧！

❖ 胡蘿蔔之鄉

除了地名與施琅的歷史故事之外，「將軍」另一特色，便是與胡蘿蔔齊名。胡蘿蔔早於日治時期，1895年間即引進臺灣。[5]將

---

5 「蘿蔔鮮紅」，《蘿蔔庄。崑岡情：將軍鄉人拾穗》（臺南：西甲文化傳習基金會，2000年），頁65。

2003間工廠裡婦人忙著清洗牛蒡的景象。　　胡蘿蔔收成的農忙圖。

軍又於1974年與美國加州盛產蘿蔔的荷特沃市締結姐妹市，為胡蘿蔔產業發展史留下有趣的註腳。

　　「將軍」是一個平時不易受到注目或討論的偏鄉，這片土地卻擁有十分多樣面貌的地理景觀與物產特色。「將軍」既擁有潔白柔細的馬沙溝沙灘，望似無垠的青鯤鯓曬鹽地，也有近海漁港馬沙溝與青山港。內陸除了養殖魚蝦之外，最知名的莫過於，很早大規模種植的胡蘿蔔與後來的牛蒡產業。

　　談到胡蘿蔔與牛蒡，在當地大概無人不知這位代表人物，人稱「脹良」的黃永良。他開創胡蘿蔔與牛蒡產業發展的歷程，可以說是當代將軍產業發展的縮影。黃永良原是個貧困的農村子弟，父母留下2.4分地給他兄弟4人。他年少記憶中，「將軍」過去只種地瓜、甘蔗，3年才輪作一次水稻，「別人家吃白米飯時，咱『將軍』吃的是地瓜籤，生活苦極了！」直到1962年退伍後，他亟思創業，力求在貧瘠的沿海發展，希望改善農家人的生活。他透過朋友和市場了解，胡蘿蔔若能冷藏保鮮，將可成為四季蔬

菜，適時平衡市場供需。

歷經20年的開發，胡蘿蔔終於打開了內、外銷市場，黃永良因此認識俗稱「疼某菜」的牛蒡在日本市場的重要地位和營養價值。一轉眼，他走過逾半世紀的「胡蘿蔔旅程」。他曾告訴筆者，日治時期，這地方就有些日本老師種植胡蘿蔔、牛蒡和番茄供自家食用。日本人相當喜愛這三項健康蔬菜，就像中國人愛人參一樣。

胡蘿蔔是季節性作物，將軍面積在2020年仍有約270公頃，主要生產區每年約在9月間採種子，至次年1月開始採收。農民多直接和承銷商契約耕作，採收和運輸由承銷商一手包辦，承銷商則是組成農工採收團，依序到各契作田去採收。一個採收團約有35個男女農工，男工負責牽牛犁田，將泥土犁鬆，以利拔取，還負責稱重、裝箱和搬運等費力的工作。女工整齊排列，曲身拔起蘿蔔和切除葉子，工作不算粗重，卻得有過人的腰力和耐力。

盛產時期，農婦下田時緊裹著頭巾和斗笠，各個動作靈活，也成為將軍風情畫。但隨著農村人力嚴重老化，將軍胡蘿蔔和牛蒡採收季重疊，動輒需要上千人力。人力短缺讓契作商和農家傷透腦筋。

說起胡蘿蔔如何真正落腳「將軍」。也有農民說大約是在戰後，「將軍」開始有零星栽培胡蘿蔔。1962年，當時剛退伍的黃永良了解到，將軍土質和水質都十分適合胡蘿蔔，又參觀外地正在發展中的保鮮技術後，開始邀集各大蔬果商，共同為胡蘿蔔拓展內外銷市場。有了符合國際標準的大型冷凍庫，胡蘿蔔可久藏，

有助於調節市場供需。

「將軍」過去因胡蘿蔔找到了農業新契機，但隨著傳統農業式微，胡蘿蔔之鄉的美名也受到考驗。大約1980年間，正當胡蘿蔔打開內、外銷市場之際，黃永良積極為傳統農業尋求出路，於是開始契作牛蒡，冷凍運銷日本市場。但牛蒡市場太過依賴日本市場，外銷經常受挫。1989年這年，日本不進口牛蒡，內銷價格又低的叫人心疼，眼見堆積如山的牛蒡就要腐爛，黃永良失落之餘，經友人和時任臺南區農改場場長陳榮五和林子清教授等人建議，由國立嘉義農專（今國立嘉義大學）技術協助，將牛蒡刮皮、切片、乾燥，製成茶片，方便久藏，而且煮茶香氣獨特。

牛蒡的名氣隨即打開，帶動了國人食用新鮮牛蒡的風氣。就這樣，全臺牛蒡耕作面積曾經急速增加至700餘公頃，原臺南縣就曾佔了約500公頃，但臺灣產牛蒡8成以上還是依賴日本市場。黃永良和其他種植牛蒡的業者都在不斷追求創新，鄰近的佳里，同樣位在鹽分地帶，也不斷有牛蒡新產品，以迎合現代人的需求，為產業尋找永續之道。

牛蒡每年約在9月底、10月初播種，次年3月陸續採收。牛蒡採收過程雖有機械幫忙，作業仍屬繁雜。首先，除葉機先將整片牛蒡田的葉子砍除，再以大型曳引機犁畦至1公尺深。曳引機犁過的畦便現出一根根牛蒡根莖，一字排開的農婦快速地撿起牛蒡，切頭、綑綁並先覆蓋舊棉被，防止水分蒸發。成堆的牛蒡就等著被運送至工廠，再由另一批人清洗、包裝、冷藏、裝櫃外銷。

隨著大環境改變，「將軍」兩大特產也都面臨時代的挑戰。

黃永良2010年之後逐漸交棒給兒子黃啟銘，持續開發更多樣化的加工品。農政單位和投入特色產業的農民也不停思索著如何尋找「將軍」農業的新生命，就像昔日開發牛蒡茶那樣「絕地重生」，期待著胡蘿蔔與牛蒡之名，一直與「將軍」齊名。

林崑岡
竹篙山之神，抗日烈士精神永流傳

林崑岡（1832～1895）
2013年獲列政治類臺南歷史名人

　　先烈林崑岡、將軍武秀才，於1889年（清光緒15年）籌募基金改建漚汪文衡殿，增置文昌祠、設置育英書院，後來又率義民軍在漚汪文衡殿前誓師抗日，不幸成仁。他的抗日故事為地方寫下一頁悲壯。

　　「臺灣省文獻會」編撰《臺灣先賢先烈》專輯計畫，於1990年11月所評定的88位先賢先烈名單當中，先烈人選包括郭懷一、林崑岡、余清芳等人都是臺南人。另外，明清年間先賢鄭成功、陳永華、林朝英、葉王等；民國年間連橫、黃朝琴、杜聰明等臺南人也都在臺灣先烈先賢之列。

❖ 林崑岡為人尚武俠義

　　林崑岡烈士，名碧玉，字爾音，號崑岡，生於1832年（清道光12年），原籍福建省晉江縣，祖先渡海來臺後，首定居於原臺南縣北門沿海地區，爾後才遷居至將軍的漚汪西甲（今臺南市將軍區西和里）。林崑岡為人尚武俠義，連雅堂《臺灣通史》也記載了林崑岡抗日事蹟。

　　據林崑岡後代子孫描述，林崑岡相貌堂堂，文質彬彬，他先

林崑岡紀念館裡，利用多媒體訴說先烈
抗日歷史。

林崑岡後代出示了這幀故居僅存的肖
像，泛黃照片與相框盡是歲月痕跡。

學文後習武，尤其擅長雙鐧及被牌，林仙龍對林崑岡有段傳神的
描述—「出門時雙鐧隨身，好義任俠，人稱武秀才，說他是文武
兼備的儒俠也是適當不過的。」[6]

除此之外，林崑岡擁有深厚文學素養，故居宅第曾設立「私
塾」，林崑岡位於漚汪西甲的故居已有百餘年歷史，典型的閩南
式三合院民宅，木構與裝飾典雅講究，廳堂內仍保存一小幀林崑
岡的舊照片。老宅歷史久遠，目前仍有後人居住並有一部分已經

6 林仙龍，「抗日烈士林崑岡及其遺族」，《觀清湄·映西甲——甲卷·西甲人素描：
崑岡烈士篇》（臺南：西甲文化傳習基金會，1997年），頁24。

改建。

　　林崑岡在家中私塾聘先生教孩子讀書識字，同時也熱中地方事務。1889年（清光緒15年），林崑岡總董「漚汪文衡殿」廟務，發起信徒募金9,500圓，做為寺廟改建經費，並且增建文昌祠，設立「育英書院」，擔任山長，獲得庄民敬重。就在文衡殿改建竣工之際，甲午戰爭爆發了。

　　1894年中日甲午之戰，清廷潰敗，隔年簽訂馬關條約，清廷將臺灣、澎湖割讓給日本後，接著是一連串抗日保臺行動。1895年（清光緒21年）8月26日，文衡殿廟口有人豎白旗向日軍投降，林崑岡大怒，並誓言「我願意傾家蕩產抗敵到底。」

　　臺南地區義軍領袖就是漚汪人林崑岡。當時是農曆8月3日，嘉義以南、曾文溪以北十八堡義民軍以林崑岡為抗日總統領，率領十八保聯庄3,000鄉親出戰直攻竹篙山（今學甲區光華里新頭港仔庄北）。

　　以棉被為盾的義民軍終究不敵日軍增援，林崑岡第一個中彈，他為免被捕，當下揮刀自盡。林崑岡長子林朝陽也戰死，次子、三子繼續抗日，最後被日警逮捕，分屍慘死。也有一說，林崑岡長子朝陽，生死成謎。

　　林家遇難之後，據傳林崑岡另兩個兒子朝炭、朝處為了報仇，東躲西藏，2年之後又召集漚汪人攻打麻豆日本辦務署，事敗後兩兄弟因為身懷武功而被剁腳筋，分屍埋於佳里。「林氏滿門忠烈，終因抵抗日閥，捍衛家邦，犧牲性命，留下可歌可泣的事蹟，

林崑岡位在將軍西甲的舊宅已見歲月痕跡，但仍呈現昔日建築的講究。

林崑岡執事漚汪文衡
殿時創設的文昌祠、
育英書院，牌匾歷經
歲月洗禮，更見古樸。

供後人緬懷忠義節操。」[7]

鹽分地帶作家蕭蘡也曾在文章中提到，林崑岡後人林群弼談及在日本時，日人知道他的曾祖父曾經抗日，即豎起大拇指說：林崑岡是臺灣有血性的男兒。[8]

臺灣史蹟源流研究會1978年10月間舉行的會友年會，於臺北市劍潭青年活動中心揭幕。3天的活動有400餘位專家學者及青年會友與會。會中，臺北市文獻委員會執行秘書王國璠提出他的研究成果：「竹篙山之神——林崑岡」，敘述臺胞抗日最後一役史實。聯合報記者黃寤蘭並以特稿評論王國璠的研究報告。活動適逢林崑岡殉難日前夕。

黃寤蘭特稿如此破題：「清光緒21，臺南府城竹篙山頂上倒下一位抗日志士，臺灣雖落入日本人之手，但這位志士之死，卻喚醒更多臺灣同胞的良知，前仆後繼為掙脫日寇掌握而奮鬥，臺灣終於在50年後重歸祖國懷抱。」

林崑岡率眾揭竿起義，事情雖未成功，卻贏得後人尊敬，並稱其為「竹篙山之神」。當年，日軍攻陷臺南府城，乘勝南犯鳳山，另一支部隊自渡仔頭（今北門區境內）猛攻竹篙山。義軍在急水溪邊抵擋，和日軍相持多日。

王國璠的報告回溯8月26日夜裡，喬裝買眼藥膏的日本間諜

7　林仙龍，「抗日烈士林崑岡及其遺族」，《觀清湄・映西甲——甲卷・西甲人素描：崑岡烈士篇》，頁25。
8　蕭蘡，「紅蘿蔔的故鄉：臺南縣濱海的磽薄之地——將軍鄉」，《蘿蔔庄。崑岡情：將軍鄉人拾穗》，頁20。

山口健治，將一幅「大日本帝國順良民」的白布幡，偷偷懸掛在歐汪廟（漚汪文衡殿）醮典使用的青竹竿上，想藉漚汪人的歸降來打擊義軍鬥志。第二天早晨，林崑岡路過廟前，看見這幅侮辱人民的標語，立即折斷竹竿，撕碎長幡，嚴誡廟祝小心看守，不要再讓敵人得逞。

林崑岡眼見敵人強行進攻，槍砲聲逼近，心中惶惶難安，「暗思匹夫報國，一死而已」，於是在中午時分發出大紅柬帖。未久，所有鄉民都收到了通知。

❖ 廟前擺設香案，跪告天地

誓師之日定在9月初一，「一大早就有3,000壯丁攜械裹糧前來，林崑岡在廟前廣場擺設香案，跪告天地說：『臺灣不幸，慘遭倭寇侵略，今日之戰，若是日本大限已終，必然一敗塗地，否則我林崑岡願中頭門銃，以免同胞多受殺戮之禍。』」

林崑岡著白襪草鞋，擺香案於庭前，與眾人歃血為盟，言罷，擊鼓進軍。隨即，義民軍在學甲宅仔港與日軍短兵相見，日軍詐避竹篙山。林崑岡率眾追擊卻陷入丘陵險地，遭到四面伏兵。義民軍畢竟缺乏組織，且所持的是棉被與割刀，被殺得幾乎全軍皆歿。這時的林崑岡年已64歲，仍指揮作戰。直到敵人擊中他的右膝，他不肯撤退，舉刀自刎，氣壯山河，傳世至今仍教人動容。[9] 林崑岡後來入祠圓山忠烈祠文烈士祠，然而，在史學家連橫的《臺

---

9 黃廟蘭特稿，「臺胞抗日極壯烈·竹篙山上染碧血」，聯合報3版，1978年10月24日。

林崑岡紀念館裡陳列著當年起義時的兵器。

藝術家羅清雲的「廟前誓師」圖，在林崑岡紀念館牆面上彰顯著昔日的悲壯氣息。

廟前誓師

羅清雲老師在深受癌症折磨時仍說：「只要我活著，就要畫下去！」民國七十六年(一九八七)，他返鄉創作林崑岡抗日誓師圖時，想必畫中也在吐露烈士的心聲：「只要一口氣還在，就要保護鄉里，抗拒不義，做自己的主人！」

灣通史》中記載林崑岡犧牲時的年紀為「四十有五」。

　　林崑岡壯烈故事贏得後人傳頌。地方上傳說，林崑岡死後有人見他騎馬奔馳於竹篙山上，鄉民皆以「竹篙山之神」稱之，並在竹篙山設置忠神殿、設置忠神公神位奉祀。

　　竹篙山位在學甲新頭港，毗鄰臺南幫大老吳三連等人的世居之地。首任「將軍鄉長」黃清舞曾於將軍圖書館設「林崑岡紀念堂」，紀念堂取消之後，林崑岡文物一度分散外地，多年之後終於在各界奔走之下，於將軍文衡殿內設「林崑岡紀念堂」，緬懷其忠義精神。

　　曾經，地方苦無文物館而致林崑岡文物外流，2003年間文衡殿榮譽主委戴榮吉有鑑於文物就地保存的重要性，決心在香客大樓籌設林崑岡紀念館，當時的臺南縣長蘇煥智允諾並指示文化局列為重要計畫。

　　2005年林崑岡紀念館終於誕生，7月29日於漚汪文衡殿香客大樓啟用。這時擔任漚汪文衡殿主委的黃景森指出，文昌祠和育英書院於1894年（清光20年）完工，百年來，每到夏季，供桌依舊擺滿各類考生准考證影本祈求金榜題名。此外，文昌祠神龕木雕彩繪和壁畫，是國寶級彩繪大師潘麗水遺作，其中還有四大幅發憤讀書、求功名的壁畫，頗具代表性。

　　四幅壁畫分別是「蘇秦刺股發憤讀書」、「晉孫敬頭懸樑」、「漢朱買臣負薪苦讀」、「隋李密牛角掛書」。

　　這段地方流傳百餘年、可歌可泣的事蹟，終獲典藏於文衡殿香客大樓2樓所設置的林崑岡烈士紀念館。館室由樹德科技大學

劉國滄教授規劃，國立臺南藝術大學古物維護研究所負責林崑岡衣物修復。紀念館揭幕儀式由當時的臺南縣長蘇煥智、將軍鄉長陳進財、文衡殿主委黃景森、臺南縣議員侯澄財、漚汪人薪傳基金會董事長林金悔等人聯合主持，設有林崑岡廟的嘉義市萬臺宮委員也捧著「林府將軍」神像到場。

❖ 竹篙山之神，節義永流傳

和林崑岡一起抗日的林允治孫子林山本，特地從高雄前來，這時年已72歲的林山本從口袋拿出林崑岡交給父親的兩枚清光緒年間錢幣，成為會場注目焦點。林崑岡隨身文物還有一樣十分引人好奇，那是「童生籃」。何謂童生籃？或可說是一只設計巧妙的孩童書包，夾層可內藏迷你書籍，便於攜帶研讀。林崑岡昔日赴考時隨身的童生籃內，留藏著十多本迷你的手抄典籍，內容是字細如麻的論語、孟子等書。

另外，眾人見林崑岡的隨身兵器、手稿及故居的木造床鋪等舊物，都讚許他確實是文武兼備的儒俠。蘇煥智縣長表示，林崑岡烈士率領義軍奮勇抵拒日軍，是抗日中最激烈的戰役，日軍後來還在佳里大屠殺。當年林崑岡發起抗日地點就在漚汪文衡殿前，在文衡殿設立紀念館，別具意義。

林崑岡紀念館位在漚汪文衡殿2樓。

館內的童生籃是林崑岡重要文物。昔日將軍鄉公所舉辦林崑崗紀念展，鄉親難得一見童生籃中的小本子。

這張木方桌也讓人如穿越時空。

林崑岡紀念館佈置著其故居三合院舊影，舊照片前是他的紅眠床，展館並且細心設計解說牆。

林崑岡紀念館裡以《臺灣史蹟源流》掛圖中，林崑岡的清末扮相，解說牌訴說他成仁竹篙山的史蹟。

館中展示書畫家所寫「連雅堂贊林崑岡詩」，館方註記：詩文中的「執手」為「執戈」之筆誤。

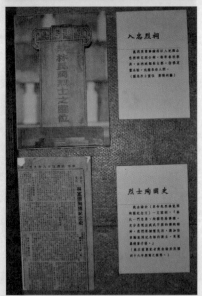

館內展示林崑岡書札，以及入祀忠烈祠等相關活動與報導。

林崑岡紀念館記錄著，將軍圖書館曾設林崑岡紀念堂的往事。

中洲社區設置的景點牌已經斑駁。

碑記文後弔唁文：「出師抗日頌崑岡，未捷身殉亦感傷。愛國忠肝重作範，留名青史古今揚。」

中洲社區設置的景點牌已經斑駁。

忠神公廟外觀。

忠神公廟斑駁中仍清晰可見精美彩繪。

吳三連
從布衣到公卿，跨時代的政治人物

> 吳三連（1899～1988）
>
> 2013年獲列政治類臺南歷史名人
> 2015年新頭港故居掛牌

　　昔日報業敬稱「三老」的吳三連，從一介布衣到縱橫政治、經濟、文化、教育各界的公卿，不但在各階段創造奇蹟，生平故事也是膾炙人口的傳奇。

　　這位日治時期的熱血青年，執起社會公器，曾寫下臺灣抗日史，再以事業推動臺灣經濟脈動，以人文關懷呵護臺灣文藝、教育。身為跨時代的報人，他不但見證歷史，也親自寫歷史。

　　吳三連擁有「臺南幫大老」稱號，1899年（日明治32年）出生於貧瘠的學甲舊頭港仔。鹽分地帶培養了他不畏逆境的性格。他的人生有很長一段歲月與臺南幫的發展息息相關，但他在臺灣政治舞臺上更占有一席之地；兒時的教育啟蒙對於他的生涯發展亦舉足輕重。

❖ 基督教堂接受啟蒙教育
　　吳三連的父親因罹患慢性胃腸炎，經人介紹在臺南基督教新樓醫院就醫後，有了起色，雙親因此都成為基督徒。他也因此可以到鄰村的「西埔內」上讀書班。不過，他始終讀不好，還經常

被日籍老師笑笨。

　　後來村內請來了一位叫「倫先」的古文老師開私塾，教四書五經。他離開讀書班，改念私塾，功課大有進步。可惜才半年，私塾就被日本人取締了。日本人禁止漢人學漢文，以貫徹異族統治的目的，所以創立了以日語為主要語言的公學制度。

　　當地最近的公學校設在「學甲庄」。儘管他父親常說，「至少要認幾個字，官文書下來時，也要曉得到底官府是要殺頭還是賞賜！」不過，他是因為世交的「龍叔公」一再勸說，父親才答應讓他上學。也因此，他愈加努力，不斷跳級，6年的課業花4年就畢業了。

1977年4月17日，吳三連夫婦金婚紀念，全家合影於石牌家中。（照片由吳三連台灣史料基金會提供）

「命運是一門十分玄奧的學問，政治的變遷尤其說不清楚；不過，命運和政治的變遷都深重的影響人的一生。」[10] 他追憶，自己出生的土地與時代，確實牽繫著他的一生。

1895年（日明治28年），經過明治維新的日本，打敗積弱不振的滿清帝國，4月17日的「馬關條約」，清廷將臺灣割讓日本。翌年，日本帝國議會公佈施行「法津第63號」，即所謂的「六三法」，原是為期3年，卻實施長達50年，臺灣人受到「臺灣總督府」統治，形同套上無法掙脫的不平等法律桎梏。

不過，他也認同，當時日本在臺統治階層，都是深受明治維新精神洗禮，吏治清廉、效率極高，治安、衛生都有可觀的成果，這也是今天老一輩人念念不忘的。更重大的影響當屬教育。日本人以日本語為主要工具設置「公學校」，做為初級教育，初級教育以上設總督府國語學校，內設自費的國語與公費的師範兩部。另外是總督府醫學校，是富家子弟所嚮往，當時「醫生階級」因為經濟富足和知識增長，往後數十年成為臺灣社會運動的重要角色。吳三連自己，也在這樣的時空背景下進入公學校。

公學校畢業後，他又走到人生轉捩點。若是考量家庭經濟，他實在沒有理由升學，若要升學及改善經濟，應該讀醫學校。這時候，父親的建議又成了關鍵。父親不贊成他當醫生，擔心誤診會帶來糾紛不斷。幸得胞兄已是木匠，家庭多了收入，他亦順利考上自費的臺北國語學校。

---

10 吳三連口述、吳豐山撰記，《吳三連回憶錄》，臺北市，自立晚報，1991年，頁16。

接下來4年窮學生的生活，他甚至沒錢參加赴日畢業旅行，畢業時還必須面臨理想與現實的掙扎。然而，他已下決心申請林本源家族資助赴日留學，當時是林家大掌櫃許丙到學校面試，他順利錄取了。

面對家徒四壁，任父親流淚勸阻，也動搖不了他的決心。1919年（日大正8年），他毅然赴笈東瀛。

❖ 離鄉背景、加入抗日風潮

命運真是如他說的，微妙！他赴日留學，接受正統日本教育，卻無法抵抗民族自覺，最終竟在日本走向抗日之途。

第一次世界大戰才告結束，源自於西方的民主思潮，在國際間一時風起雲湧，臺灣留日學生在大時代巨輪下，也無心於課本，而是產生民族自覺。

1921年（日大正10年）前後，臺灣開始展開一項名為「如何有效改善被統治者的境遇」大討論，主張要求日本政府撤廢「六三法」，爭取設置臺灣議會，執行臺灣人民自治。於是，留學生開始奔走簽署，展開請願活動，幾乎到了廢寢忘食的地步。同年，元月30日，由林獻堂先生領銜，178人簽署的臺灣設置議會請願書正式向第44屆日本帝國議會貴族和眾議院提出。請願活動直到1934年（日昭和9年）喊停，多達15次，最終還是受到阻撓，長達13年的請願活動畫下血淚交織的休止符。林獻堂也是第一個受到日本警察24小時監視的。

在此同時，正值第一次世界大戰後的經濟蕭條時期，做米生

意的林家因臺灣米價跌到谷底，收入銳減，甚至負債累累。這反映了臺灣商人面臨的困境與壓迫，除此之外，對於吳三連等接受資助的窮學生，意味著他們必須面臨學費不濟的命運。然而，這卻沒有影響吳三連繼續從事抗日運動。

❖ 熱血青年成為日人的眼中釘

　　1915年（日大正4年），留日臺灣學生的抗日運動進入另一個階段。首先組成的「高砂青年會」後來改稱「臺灣青年會」，原是聯誼性質，到了1920年創刊《臺灣青年》雜誌，成為學生抒發民族情操的聲音。此際，在臺灣成立了「臺灣文化協會」大力推動提升臺灣文化水準，臺灣青年會於是主張留日學生組文化講演團，利用暑假返臺，巡迴全島，展開文化啟蒙運動。

　　1923年7月，講演團成立並第一次返臺，團員有呂靈石、黃周、謝春木、林仲輝、郭國基等，吳三連獲公推為團長，所到之處歡聲雷動，受到父老鄉親熱情接待與支持。相對的，日本當局十分緊張，每一場演講都出動憲警監視和壓制。

　　吳三連早在日本發表過抗日演講後，已被日警列入黑名單，返臺演講尤其受到「特別待遇」，每一站都被問話。跟蹤的日警幾乎「形影不離」，就連回家鄉頭港的偏荒地帶也不放過。[11] 吳三連的宗侄──臺南幫大老吳尊賢在他八秩大壽時有感而發：

　　過去三連叔回鄉時，都會和大家閒談海外鮮事和世界局勢，

---

11 吳三連口述、吳豐山撰記，《吳三連回憶錄》，頁53。

他們一群好奇的小孩子也都聽得津津有味。只是，三連叔每次回家時，門外都有陌生人踱步，一問才知道是日本高級警察奉命監視三連叔。

小孩子不明白，但小小心靈中就知道，三連叔是因為與眾不同，對他也特別尊敬。長大後，才真正明白三連叔和無數熱血青年為臺灣人所做的努力與犧牲，讓晚輩與有榮焉。」

❖ 認清局勢，投入記者生涯

亂世中，有時真不知道日子怎麼過的。吳三連邊抗日、邊讀書的歲月中，3年的預科和東京一橋商科的大學4年，很快結束了。這時候是1925年（日本大正14年），27歲的他又面臨抉擇。既然接受的是林家獎學金，畢業後應該回林家服務，但林家事業已由日本治臺當局管理，情形又不一樣了。

他最後選擇自由業的記者，因為新聞界沒有民族歧視，而是思想自由。正巧遇到同情臺灣議會設置請願運動的老友，時任大阪《每日新聞社》經濟新聞組主任的松岡正男，他很快被錄用並且展開第一個長達7年的新聞工作。這時是1925年7月。

經濟記者的工作，他很快得心應手，棘手的是，當時正值中、日兩國多事之秋，他身為臺灣人必須處理源源不絕的中日衝擊相關新聞，內心是無限感慨。但是除此之外，報社的人情味是濃厚的。在他三餐不繼，生活陷入窘境時，都能獲得熱情接濟與支援。

既然事業有了基礎，也該到成家時。吳三連當上記者，收入穩定之後即接受朋友勸說，考慮終身大事。為他說媒的是抗日前

輩蔡培火，女方正是臺南米商李兆偉之女李菱。李兆偉也參加過
「臺灣文化協會」舉辦的活動。不久，吳三連被安排在陳逢源家
中相親，陳逢源的太太正是李菱的老師，吳三連也因此和陳逢源
建立深厚友誼。

　　1926年元月，吳三連順利與李菱訂婚，1927年春天返臺結婚
之後，隨即又赴日。婚後的吳三連已無後顧之憂，更全心發展事
業。直到1932年（日昭和7年）《臺灣新民報》發行日刊，抗日同
志力邀他返臺幫忙，他才收拾行囊，離開日本，回到睽違14年的
臺灣。

❖ 重返日本致力反對米穀統制

　　主持《臺灣新民報》一年半之間，他一個人負責了4個工作：
編輯總務、論說委員、整理部長、政治部長，還寫了專欄「爆彈」，
就像身懷爆彈一樣。當然，《臺灣新民報》批評時政，自然引來
當局關切。

　　1933年（日昭和8年），《臺灣新民報》決定在東京設支局，
他被指派出任日本東京支局長，10月又一次舉家返回東京。採訪
和廣告業務之外，最繁重的，要算是抗日同志的聯繫工作。在此
之前，日本政府已從1929年（日昭和4年）展開反共反左傾運動，
檢舉「思想有問題」的行為。這段時間內，「反對米穀統制」在他
生涯中留下深刻的一頁。「在東京支局長任上，我做了臺灣人抗

日運動史上的最後一件事—反對米穀統制。」他在回憶錄中寫道。[12]

1931 年（日昭和 6 年）前後，日本米穀大豐收，臺灣米和朝鮮米還是源源輸入，造成供過於求，米價暴跌，日本農民叫苦連天。日本統治當局擬限制臺灣和朝鮮米輸入，以求「正本清源」。「臺灣總督府」立即舉行「臺灣米穀統制」調查會，臺灣民眾也開始了多年的反對運動。

1936 年（日昭和 11 年）9 月，小林躋造被任命為新總督，開始日本治臺的後武官總督時期，他擬定了「臺灣米穀輸出管理法案」，要點是：低價收購輸往日本的臺灣米穀，再在日本以時價出售，企圖剝削臺灣農民的心血。法案雖沒通過，小林躋造沒有放棄其他方法。臺灣方面則組成了「臺灣米輸日限制反對同盟會」，林獻堂為請願代表，執行委員多是大地主。

吳三連不是大地主，但他出身農村，和臺灣農民感同身受。他於 1939 年（日昭和 14 年）12 月寫了《臺灣米穀政策之檢討》小冊子，小冊子送到上下兩院及相關人士手中，出版不久就被禁止發行了。後來他又改弦更張，全力以赴，最後仍告失敗了。不過，《吳三連回憶錄》中說，「臺灣總督府」在這件事上，遭遇強烈轟擊，已是顏面盡失了。

「反對米穀統制」的吳三連卻也為此付出慘痛代價。1938 年（日昭和 13 年）元月 18 日，他被東京警視廳人員搜索並拘押了 21 天，另外是被報館撤職。後來研究，他才明白是「反對米穀統制」

12　吳三連口述、吳豐山撰記，《吳三連回憶錄》，頁88。

所引起。

　既已觸怒「臺灣總督府」，他也不能回到臺灣的總社，於是選擇亡命天津，從此揮別15年的新聞工作，也為自己20年的抗日運動畫上句點。

　他一路走來，無怨無悔。他自況，身為沒有任何一塊地的無產階級，「米穀統制」對他實際上沒有半點利害關係；但是基於民族正氣，全力以赴的為臺灣農民奔走，他引以為一生最有意義、也最感到光榮的事。

❖　亡命天津，淡泊求生

　1942年（日昭和17年），太平洋戰爭進入第2年。吳三連抵天津後，和連襟陳火碑經營「合豐行」，買賣染料，淡泊維生，堅持不涉入投機生意。畢竟，苦痛的日子他已過慣了。

　到了1945年（日昭和20年）8月15日，戰爭結束了。身為一個抗日運動者，他最希望的是火速返回臺灣家鄉。然而，他和數千名滯留華北的臺灣人都身無分文，沒有舟車可以返鄉。他再一次扛起了大時代的艱困任務。當時，天津的同鄉會由他負責，後來為了工作方便，北京和天津同鄉會合組成「臺灣同鄉會聯盟」並由他負責。

　他和盟友到處募款，尋找管道買船票，又提供「合豐行」的大倉庫給等船的同鄉住宿，食物則求助於「中美聯合救濟總署」。就在許多人合力協助下，花費了1年多的時間，終於順利將3,000多個旅居華北的臺灣同鄉一一送回家園。打從送走第一批同鄉之

後，他一直忙到最後一個才踏上歸途，抵臺之時，已經是1年多以後的事了。

吳三連舉家返臺之後，先在臺北臨沂街租屋度日。紊亂與艱苦的日子又過了半年。與林獻堂談過之後，他決定回故鄉參選「臺南縣區」的國大代表。這時候，朋友，成了他最大的支助。

❖ 從政路上，友情相助

1947年的「臺南縣行政區」還包括舊臺南縣、嘉義縣市和雲林縣。他離鄉已久，人生地不熟，同樣出生學甲的「臺南縣議長」陳華宗的全力支持，正好可以補足。經濟方面，事業有成的同鄉朋友龔聯禎負擔競選費用。小舅子李增禮的車子幫忙解決交通問題。

他最初沒有想到，在華北受到同鄉會幫忙而順利返臺的朋友，竟也凝聚起可觀的力量。分散各地的同鄉會組織，加上林獻堂、陳華宗登報推薦，他如虎添翼。許多同鄉主動印發文宣品，街上牛車隊蔚為奇觀。

「鄉親要去投票嗎？投給吳三連的，請來搭車，免費！」許多人駕著牛車，免費接送鄉親去投票，形成一股不可忽視的團結力量。當時，選風很純樸，沒有請客、沒有賄選，就連送肥皂、味精也沒有。此後，吳三連更加珍視同鄉情誼。

❖ 轉進政治舞臺，仍是兩袖清風

「我要提兩件事：一件是，我一生為了保持民族的正義，非

1950年11-12月，吳三連先生（左2）於1950年參選第一屆民選台北市市長時，沿街拜票情景。（照片由吳三連台灣史料基金會提供）

1978年第一屆吳三連文藝獎贈獎典禮，當時蔣總統經國先生（中）和吳三連先生（右二）與得獎人姜貴（右一）、吳隆榮（左二）、陳若曦代領人（左一）合影。（照片由吳三連台灣史料基金會提供）

常堅定，始終沒變。另一件是，我做了短時期的臺北市政府首長，4年半之間，我確確實實做到『清廉』兩字。」[13]吳三連在結婚50週年金婚宴上這麼說。

他畢生馬不停蹄的與命運挑戰，也不斷追逐夢想，就是金錢經常與他擦肩而過。他在從商以前，時常是生活清苦，身無分文，也曾有意計畫存錢安家，但遇到朋友有難，親友急需，他都二話不說的拿出來解圍。所以他常說：「錢四跤，人兩跤」（臺語，跤即腳）。一、是體認到：人間變化無常，錢財生不帶來，死不帶去，何必強求。二、勉勵人：君子愛財，取之有道。

1950年初春，總統蔣介石親自召見他，他奉命接任臺北市官派市長，11月辭官參加第一屆民選臺北市長當選，翌年2月1日就職。他坦承，戰後千頭萬緒，實在不是能做什麼市政建設，只不過是「頭痛醫頭、腳痛醫腳」。

由於1950年代臺灣生活條件還十分簡陋，臺北市人口爆增的結果，他還曾經形容自己是「焦頭爛額父母官」。市長任期快屆滿時，他決定放棄參選連任，而在各種因素綜合下，返鄉轉戰參選「省議員」。這時，他仍堅持無黨籍的身分，但始終受到國民黨的敬重。在陳華宗的鼓舞下，他投入選戰，順利當選，於1954年6月2日離開臺北市政府，轉任「省議員」，3年之後當選連任，並且由於大法官會議解釋「國大代表」不得兼任其他民意代表，他辭去了「國大代表」職務。

13　1977年吳三連結婚50週年金婚喜宴上的講詞，詳見《吳三連回憶錄》，頁191。

　　到了1959年「臨時省議會」更名「臺灣省議會」，「臨時省議員」順理成章成了第一屆「省議員」，黃朝琴續任議長。1960年，吳三連在兩屆「省議員」就要屆滿時，決定不再參選。

　　他自覺，已感受到選風日益敗壞，自己也已揹負過多的人情債，加上體力也不堪負荷。此際，正值臺灣工商業快速發展，學甲新頭港族人旅外發展，迭有佳績。他就在此因緣際會之下，回歸經商的老本行，並且被尊崇為「臺南幫」的精神領袖。

❖　**重作報人，接辦《自立晚報》，擴展文教事業**

　　但是，報界並沒有忘記吳三連。曾經在日本從事新聞工作長達15年，一直待到被撤職，他曾以為報社生涯結束了。這時候，1959年他又重作報人，接辦《自立晚報》[14]，進一步跨足教育界。

　　1965年間，辛文炳、侯雨利等人集資興辦「私立南臺工業技藝專科學校」，1969年獲准立案，後來和申請多時的「永光工專」獲教育部指示合併為「南臺工專」，公推吳三連為董事長。

　　早在1946年，林獻堂、黃朝琴、蔡培火等人就在臺北籌設「私立延平中學」，自1972年8月，改推吳三連為董事長。1958年則有龔聯禎先生創辦的「私立天仁工商高級職業學校」，仍由吳三

---

14 自立晚報於1947年10月10日由大陸人士周莊伯先生創辦，幾度易手後交由李玉階經營，但財務一直困危，直到1959年尋求新人合作。同年9月改組完成，最初人事是李玉階任董事長、許金德任常務董事，三老為發行人，葉明勳任社長，後來李玉階、葉明勳等人相繼退出。自立報系經不斷蛻變轉型，於1979起支持開辦的「鹽分地帶文藝營」因報系改組，1995年第17屆起轉由吳三連台灣史料基金會接手，重現新風貌。

連為開校董事長。1977年秋天，相關事業同仁好意商議設立「財團法人吳三連先生文藝獎基金會」來慶祝他80歲生日，延續他對文教工作的熱情並且延伸觸角，對臺灣史料、臺灣文學推廣等文化工作留下深遠影響。

❖ 不黨不私，卓然獨立

吳三連於1988年10月中旬忽染感冒，住進臺大醫院醫治，不幸併發肺炎，加上身體機能衰退，藥力難控制，1988年12月29日心肺衰竭過世，享壽90。

「終我一生，未參加任何政黨。我對政治有一個根深柢固的信仰──政治是為老百姓謀求福祉，不是爭權奪利；逾越了這個標準，政治便不成其為政治。」[15]吳三連如此詮釋自己的政治觀，其實也展現他對人、對事、對社會和國家情懷的執著與熱忱。

---

15 吳三連口述、吳豐山撰記，《吳三連回憶錄》，頁206。

吳三連先生重要紀事

1899年　日明治32年，農曆10月13日生於學甲頭港仔（舊頭
　　　　港），父吳徙是木匠。

1902年　日明治35年，父親罹患胃腸炎，經人介紹到臺南基督
　　　　教新樓醫院醫治有起色，父母均受洗入教。

1907年　日明治40年，進「西埔內」教堂讀書班，後又入私塾。

1911年　日明治44年，4月進入「學甲庄公學校」就讀。

1915年　日大正4年，公學校畢業，4月考進「臺北國語學校」。

1919年　日大正8年3月，臺北國語學校畢業，獲板橋林熊徵獎
　　　　學金赴日留學。4月考進東京高商預科（後來改為「東
　　　　京一橋商科大學」。）加入留學生組成的「啟發會」，展
　　　　開臺人對日的民族運動。

1920年　日大正9年3月，加入東京留學生組成的「新民會」。
　　　　4月在東京「臺灣總督府」召開臺灣留學生相談會上，
　　　　批評總督府施政，引起總務長官下村宏大怒，從此被列
　　　　入日本當局黑名單。 7月加入東京《臺灣青年》雜誌，
　　　　任編輯委員。

1922年　日大正11年4月，進入一橋商科大學並擔任《臺灣》月
　　　　刊幹事，撰相關臺灣財經報導及論述，再度受到日本當
　　　　局不滿與監視。翌年12年7月擔任東京臺灣留學生返臺
　　　　「文化講演團」團長，回臺從事文化啟蒙。

1925年　日大正14年3月，大學畢業，7月經松岡正男介紹進入

大阪《每日新聞社》任經濟新聞記者，長達7年。

1926年　元月，經蔡培火介紹，與府城米商李兆偉之女李菱訂婚，1927年春天結婚後赴日。

1932年　日昭和7年，應林獻堂、蔡培火之邀辭去《每日新聞》，舉家返臺於4月任《臺灣新民報》日刊編輯總務、論說委員、整理部長兼政治部長，並撰「爆彈」專欄，批評時政。翌年，獲派任《臺灣新民報》東京支局長，舉家再度赴日並居住東京都大森區。

1936年　日昭和11年，「臺灣總督府」擬「臺灣米穀輸出管理案」，引起臺人不滿。在東京展開反對行動並向日本輿論及議會請願施壓。又於1939年（日本昭和14年）12月為爭取臺灣農民權益，撰寫《臺灣米穀政策之檢討》一書遭禁，也因此第三度遭當局之忌。

1938年　日昭和13年1月18日，與蔡培火同時被東京警視廳拘捕，3月5日獲釋（蔡氏於同月22日獲釋）。

1940年　日昭和15年1月，以日人田沼征名義發刊「長期建設與農業政策」，再遭東京警視廳查禁。2月臺灣總督命警務局長要求《臺灣新民報》撤東京支局長職，因而去職。

1945年　日昭和20年8月15日，戰爭結束。對戰後滯天津臺灣人展開救援工作，被推為「天津臺灣同鄉會」會長，後又與「北京臺灣同鄉會」擴大聯合服務，合組「平津臺灣同鄉會聯盟」。一年當中濟助3,000多臺灣人返家園。吳三連和家眷則是在翌年才返臺，租住於臺北市臨沂街。

1947年 經請教林獻堂後，決定參與政治並參選第一屆國民大會代表選舉。11月27日以全國最高票在舊行政區「臺南縣」當選國大代表。

1948年 6月與林獻堂、黃朝琴、游彌堅、蔡培火、杜聰明、朱昭陽等在臺北共同成立「延平補習學校」（私立延平中學前身），任董事，林獻堂為董事長、朱昭陽為校長。8月任「憲政督導委員會」。

1950年 1月23日奉派出任「臺灣省政府委員」，2月6日奉派兼臺北市長。7月15日兼任國防部空軍司令部副司令。11月辭官派臺北市長職，競選第一屆臺北市長當選，次年2月1日就職。直到1954年決定不競選連任臺北市長，返鄉參選第二屆「臨時議會議員」並於4月21日當選；7月1日任《新生報》業務設計委員。

1954年 8月與王金長、吳修齊、吳尊賢等共商設「臺南紡織廠」，被公推為董事長，1萬元股金由借貸籌得。10月奉聘「光復大陸」設計委員會委員。10月23日任「臺灣水泥」公司董事。

1957年 4月21日當選連任第三屆「臨時省議員」，5月因大法官會議解釋國代不得同時兼任議員，乃辭去「國大代表」職。8月與同鄉龔聯禎創辦天仁工商高級職業學校，任董事長。

1959年 《自立晚報》李玉階力邀共同經營，應允加入。到了1965年12月18日《自立晚報》四度改組，後來任發行

人兼社長，許金德為董事長。1970年4月與蔡培火、陳逢源、林柏壽、葉榮鐘等共同編著「日據時期臺灣政治社會運動史」在《自立晚報》連載，後來集結為《臺灣民族運動史》由《自立晚報》出版。

1960年　3月21日與侯雨利、吳修齊、吳尊賢等成立「環球水泥公司」，被公推董事長。

1964年　7月1日與陳逢源、吳火獅、何傳等籌組「大臺北瓦斯公司」，被公推為董事長直到1966年請辭，吳火獅任總經理。

1969年　8月獲總統明令任命為選舉委員會委員。11月與侯雨利、辛文炳、吳修齊、吳尊賢等在永康籌設4年之久而後改名為二年制的「私立南臺工業技藝專科學校」獲准立案，任董事長，辛文炳任校長。1972年3月，教育部將「永光工專」申請案與「南臺工專」合併改為「南臺工業專科學校」。8月延平中學董事長黃朝琴去世，吳三連被推選為董事長。同年任「財團法人陳誠先生獎學金基金會」董事長。1973年，吳氏宗親成立的「財團法人吳氏讓德堂」也開始致力公益事業。

1976年　獲嚴家淦總統聘為國策顧問。

1978年　1月30日，「財團法人吳三連文藝獎基金會」成立，推舉侯雨利為董事長，吳尊賢為副董事長，吳豐山為秘書長。11月13日，80歲生日，第一屆「吳三連文藝獎」頒獎後的茶會上，蔣經國總統親臨賀壽。冬，奉聘為「中

華文化復興運動推行委員會」副會長，會長為總統嚴家淦先生。

1979年　8月3日，《自立晚報》主辦首屆「鹽分地帶文藝營」，親自擔任營主任。「鹽分地帶文藝營」因自立報系再度改組，1995年第17屆起，改由「吳三連台灣史料基金會」贊助主辦，基金會副董事長吳樹民擔任營主任，承辦單位「鹽鄉文史工作室」負責人許獻平擔任總幹事，文藝營邁入另一個發展階段。

1987年　10月10日，《自立晚報》40週年社慶，宣布創辦《自立早報》並於翌年1月21日正式創辦，任發行人。

1988年　10月中旬因感冒住進臺大醫院，後併發肺炎，12月29日因心臟衰竭去世，享年90。安葬於學甲頭港「淳吉堂」墓園。

致謝

　　吳三連先生是個經歷大時代的人物，他的生平故事在本書占有極重要的分量。感謝吳樹民先生仍擔任「吳三連台灣史料基金會」副董事長時，即曾提供筆者重要史料。而本文完稿時，承蒙吳文芳主任熱心支持，由基金會授權提供老照片；秘書陳義霖先生鼎力協助並予以指正，特此致謝。（吳樹民先生現任基金會董事長、吳文芳主任為吳三連先生的孫女）

陳華宗
清廉老庄長，永遠的學甲精神

> 陳華宗（1903～1968）
> ─────────────
> 2013年獲列政治類臺南歷史名人

「做官清廉、食飯攪鹽」，可以說是故臺灣省議員陳華宗先生的一生寫照。這樣的「華宗精神」迄今仍深深烙印在後人心中。

他的老朋友都知道，他愛吃豆醬湯及醃漬鹹瓜，有時為了拒絕選民送上門來的好意，他必須用這個理由給對方臺階下。曾經有人送來一隻雞要答謝他的幫忙，他二話不說，數落了對方一番，「你明知道我愛吃豆醬湯！」

伴隨著這股不義不取的政治風骨，率直的草根性格也成了他，最令人難忘的人格特質。他不要官僚、不玩心機，直來直往，不知情者還經常被他嚇著呢！老朋友則說，這是他的可愛之處。

❖ 望族後裔，少年旅日鑽研史學

陳華宗於1903年（日明治36年）3月10日生於學甲中洲，祖籍福建省泉州府東鞍縣湖藤鄉，先祖陳一貴，是民族英雄延平郡王鄭成功的堂姑丈，當年擔任鄭氏麾下的運糧官，隨鄭氏來臺客居中洲，傳至陳華宗已是第12代。

陳華宗幼年就聰明過人，也因為出生望族，1917年（日大正6年），也就是14歲時就留學東瀛，先後畢業於東京豐山中學、

陳華宗紀念公園裡，豎立著的陳華宗
紀念銅像。

昔日公園裡偶見小朋友戶外參訪，耆老在
紀念銅像前為小朋友訴說家鄉人與事。

陳華宗位在學甲中洲的故居，擁有偌大庭院，外觀仍可見造形典雅的門柱。

日本立正大學文學系史學科，立志研讀「祖國」文化，窮研歷代
盛衰史學及政治哲學原理。他以優異的成績畢業後，即獲聘為立
正大學史學研究室研究員及日本中原高等女學教師，直到1935年
（日昭和10年）5月決定返回故鄉服務，結束17年的異國生涯。這
時候的他，31歲。

❖ 初任學甲庄長，市容脫胎換骨

陳華宗返鄉後，成為地方上炙手可熱的領導人才，旋即獲聘
為「學甲庄長」，展開為期6年的地方公職生涯，也成為改變學甲
面貌的政治里程碑。

陳華宗擔任庄長時的日式接待所，大約建於1937年，已年久失修，地方出現爭取
修復的聲音。

　　此話怎講？今天的學甲街區如棋盤般整齊完整，主要是陳華宗奠下的基礎。他當年獨排眾議，實施「學甲庄」都市計劃與土地區劃整理，使得後來學甲市街道路無須大肆拓寬或整頓，街道相較於鄰近鄉鎮，顯得更為整齊劃一，陳華宗的遠見是重要因素。而臺灣「光復」後，原來的「學甲鄉」得以升格為「學甲鎮」，陳華宗大刀闊斧的改造工程，亦功不可沒。

　　6年「學甲庄長」屆滿後，他重執教鞭，受聘於臺南長榮中學教歷史課，同時也任嘉南大圳（嘉南農田水利會）水利代表，服務嘉南平原農民直到1963年之後，仍繼續獲聘為顧問。在嘉南大圳，他也曾和多位同鄉仕紳寫下可觀的建設成績。

　　1946年4月，當時「臺南縣參議會」初成立時，雲嘉、臺南縣還未分治，陳華宗因德高望重，當選第1屆「臺南縣參議員」並且膺選為議長，接著又蟬聯第2、3、4屆，連任議長13年又8個月，創下地方政壇佳話。

　　陳華宗擔「臺南縣議長」期間，傾力支持地方首長投入基層建設，諸如協助歷任學甲鎮長完成裝設自來水工程、興建山寮等地的特殊水源灌溉。另外，在創設學甲初中，裝設烏腳病流行地區自來水，興建將軍溪橋等，對於地方發展都有著長遠與舉足輕重的影響。

　　「學甲鎮民代表會」於1955年通過，將新建完成的將軍溪橋命名為「華宗橋」，後來並鑄製陳華宗銅像於華宗紀念公園，表彰他對地方的貢獻。華宗公園成為學甲重要休憩和集會場所。

1　2013 年配合將軍溪渠道整建而重建完竣的華宗橋，為臺南第一條「三拱勒鋼提籃式拱橋」，橋景比美冬山河。

2　華宗紀念公園有了新的面貌。

3　學甲區公所在公園裡建「咏賢亭」並豎立碑誌。

4　華宗公園活動中心舞臺牆面彩繪，呈現地方色彩。

5　咏賢亭有退休校長莊秋情題字。

6　華宗公園的夏天一片黃橙橙。

7　學甲街區有三連路，也有華宗路。

❖ 水利建設不遺餘力，不惜變賣祖產

更值得一提的是，他在戰後臨命為嘉南大圳（今嘉南農田水利會）接收委員兼經理課長，1950年3月當選副主任委員（即副會長）。當時因大戰方歇，嘉南大圳嚴重遭到破壞，修復工程經費龐大，又苦於經費無著，這時，他不惜變賣祖產應急，同時傾力爭取戰後救濟總署臺灣分署的補助。

各地待復建工程不勝枚舉，他為了深入了解災情和掌握工程進度，經常必須身歷險峻山區監工，以行動督促下屬。

1956年，他當選嘉南農田水利會評議委員會常務委員，1959年12月全票當選嘉南農田水利會第2屆會長，任職之初遇「八七水災」過後，正值搶修復舊之期。他憑著過去的經驗及嚴謹的態度，率全員將所有工程提前於1960年6月完成，因此獲頒贈「七等景星勳章」表揚。

他深刻體會水災無情，任內積極加強水利工程和防洪防颱工作，隨後經歷「裘恩」、「勞娜」、「波密拉」等颱風侵襲，都能從容應變，化險為夷，而避免重大損失。

他主持嘉南農田水利會時期，努力開發事業，如大量開鑿雲林地區地下水井，興建白河水庫，規劃曾文水庫，興築嘉南大圳灌溉渠道，為灌溉增產奠定良好基礎，造福農民不匱。

1963年辭卸嘉南農田水利會會長職務後，陳華宗難辭地方盛情，又出任水利代表，而後又聘為顧問，進一步受鼓舞參選「臺灣省議員」。

❖ **當選省議員，時時下鄉反應民瘼**

1964年，他累積多年的民間力量，就在這時展露無遺，鄉親的熱情支持促使他贏得第3屆省議員選舉並連任第4屆省議員。

一樣的「華宗精神」，一樣的奔走民間，了解民瘼，為選民搭起與政府的橋樑。尤其是，他來自農村，又長年服務水利單位，最了解農民的需要，護農政策、輔助農業發展和重建水利會財務等，成為他問政核心。在此期間，創設河防基金、協助興建曾文水庫、推行水土保持等政策，也都留下他的足跡。在許多地方人士或名人的老照片中，經常可以看到陳華宗視察地方建設的身影，而且足跡遍及各地。

擔任省議員期間，越來越多鄉親來陳情或請託，陳華宗數十年如一日，秉持剛毅正直的性格行事。受託之事，只要能力範圍

陳華宗為中洲陳氏後人的傑出人物，陳姓桂記大宗祠就位在接待所斜對面。

之內，他一定盡力到底。

唯一，沒有商量餘地的，還是他的硬脾氣。有時，他的家人赴約遲到，他會毫不留情的責備。與朋友交往，他不擺架子，不矯情，十足的赤子心、真性情。

❖ 兩袖清風，華宗精神

說起陳華宗的硬脾氣，遠近皆知。曾有鄉親為了答謝他的幫忙，特地帶來兩籃水果，希望微盡感激之意。陳華宗二話不說，要求這位鄉親把東西帶回，這位鄉親以為先生只是客套，於是又謝過一回，請先生一定要笑納。沒想到，先生一氣之下，竟把水果扔到屋外去了。此後，鄉親更加明白陳華宗的傲人風骨，再也不敢違逆他的處事原則。

1968年11月10日清晨，他在臺北市乘坐計程車，前往省議會臺北招待所參加省議會建設小組事務途中，發生車禍，當天上午在臺大醫院急救不治，與世長辭，得年65。

他的一生，就像他愛吃的豆醬湯和醃鹹瓜，兩袖清風。他不惜為了地方建設，變賣家產，也因他不義不取，據傳到後來還負債。但是，他留下的精神卻是最珍貴無價的遺產，堪為政治家的表率。

1978年11月10日，陳華宗先生逝世10週年紀念日，地方人士籌辦第1屆「臺灣省」華宗盃排球錦標賽迄今。往後很長的歲月裡，「華宗盃排球賽」年年在開幕時還特別為陳華宗遺孀陳曾教額女士獻花，代表對陳華宗的敬意，也象徵著「華宗精神」長留。

陳華宗先生重要紀事

1903年　日明治36年，3月10日生於學甲中洲望族，祖籍福建
　　　　省泉州府東鞍縣湖藤鄉，先祖陳一貴係鄭成功運糧官。

1917年　日大正6年，14歲負笈東瀛，先後畢業於東京豐山中學
　　　　及立正大學史學科。

1935年　日昭和10年5月，束裝返鄉，任學甲庄長，任期6年當
　　　　中，獨排眾議，實施都市計畫，奠定日後學甲升格為鎮
　　　　的基礎。庄長任滿後，重執教鞭，受聘於臺南長榮中學
　　　　教歷史課。

1946年　4月臺南縣參議會成立時，膺選為第1屆縣參議長並蟬
　　　　聯2、3、4屆，連任議長長達13年又8個月。

1941年　日昭和16年，擔任嘉南農田水利會（昔日稱嘉南大圳）
　　　　歷任水利代表，「光復」後膺命為接收委員及經理課長，
　　　　1950年3月當選副主任委員，即副會長，投入戰後修復
　　　　工程。1956年當選嘉南農田水利會評議委員會常務委
　　　　員。

1955年　「學甲鎮民代表會」通過將新建完成的將軍溪橋命名「華
　　　　宗橋」，並籌建華宗紀念公園和鑄製華宗先生銅像，留
　　　　念其功德。

1959年　12月以全票當選嘉南農田水利會第2屆會長，直到
　　　　1963年，其間遇八七水災後不久，指揮趕修復舊，工
　　　　作提前完成，獲政府頒贈七等景星勳章表揚。

1964年　當選第3屆省議員，並當選連任第4屆，任內忘我精神
　　　　及清廉正氣最為人津津樂道。

1968年　11月10日因公在臺北搭計程車返省議會招待所途中，
　　　　橫遭車禍，在臺大醫院急救仍告不治，享年65。

1978年　11月10日逝世10週年，地方各界在學甲國中開辦第1
　　　　屆華宗盃排球錦賽，紀念華宗精神迄今不斷。

黃清舞
文人醫生，將軍老鄉長留下獨特身影

> 黃清舞（1905～1994）
> ─────────────────
> 2015年獲列政治類臺南歷史名人
> 2017年故居掛牌，現為「方圓美術館」

「將軍鄉」（今將軍區）首任官派鄉長黃清舞，兼具鄉長、醫生、文人三個角色。他的故居「遂園」，中西合璧的迴廊建築，在一甲子之後獲得新生，他的故事也重現歷史舞臺。

當地熱愛藝術的旅外企業家林振豐與在地耆老們，自挖土機破壞聲中，搶救了這棟古厝、重修並以現代雕塑藝術、古農村生活器物及老鄉長文物等元素，為老鄉長故居注入活水。他們搶救古厝的夢，歷經9年才得圓。

❖ 遂園蛻變為方圓美術館

2008年，林振豐與在地耆老成立「財團法人方圓文化藝術基金會」來管理這棟古厝。一切的努力，終於促成「遂園」蛻變為「方圓美術館」，展現在世人面前。

黃清舞，字「遂園」，1905年（日明治38年），出生於將軍巷口，1926年自「臺灣總督府醫學校」畢業後，返鄉開業行醫，並兼任「漚汪公學校」校醫長達數十年之久。1944年（日昭和19年）在漚汪（今將軍區西甲里）興建「遂園」，做為住家以及診所，

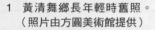

1　黃清舞鄉長年輕時舊照。
　（照片由方圓美術館提供）
2　黃清舞故居「方圓美術
　館」，格子窗上陳列老鄉長
　生活照，別具風格。
3　黃清舞故居化身美術館。

館中陳列著老鄉長的文鎮等舊物。

2樓木格子窗增添人文氣息，
做為藝術品展場，別有風情。

老鄉長故居，不論是做為診所或居所都十分典雅。

1937年春天，黃清舞醫生在自家花園留下悠閒身影。（照片由方圓美
術館提供）

又稱「遂生醫院」。

　　黃清舞畢生懸壺濟世，在地方上德高望重。戰後，1946年受
命擔任國民政府「地方接收委員」，組織「三民主義青年團漚汪分
隊辦事處」，並且擔任官派「將軍鄉」首屆鄉長。他公務之餘仍行
醫濟世，而且為免延誤行醫，極少出席宴會場合，在鄉里傳為美
談。

　　黃清舞擔任鄉長，一直到1956年第5度當選連任，任期長達
15年。

❖　**徹夜吹簫悼亡母，聞者為之動容**
　　才華橫溢的老鄉長愛樂成癡到什麼地步？據說，他年輕時還

曾經因為愛音樂，差點畢不了業。甚至畢業之後，他仍遍訪各地名師。他也喜愛在夜裡吹簫彈箏，1964年母喪，他徹夜吹洞簫，讓聞者為之動容。

將軍聞人林金悔長年採擷、記錄故鄉將軍的歷史人文，收集了不少黃清舞珍貴的點點滴滴。他在自己擔任總編輯的《觀清湄‧映西甲》書中敘述，自己最佩服黃清舞的，包括他創辦「漚汪戲院」、組織管弦樂隊、創辦「將軍鄉圖書館」與「林崑岡紀念堂」。黃清舞在那個年代就特別重視文教寓樂，也常舉辦體育活動，曾聘黃萬川先生組織「將軍鄉管弦樂團」並擔任訓練指導，樂團參與公益演奏並定期舉辦音樂會，豐富了鄉民的精神生活。

除了音樂之外，黃老鄉長博覽群書，再貴的書也要買回家，當年可以說是，出了名的藏書家，也吸引文人雅士交往。而且，他熱愛閱讀，定期曬書，留給後人「士紳政治家」的深刻印象。

❖ 北門地區藏書最豐富的人

鹽分地帶前輩作家、也是醫生的吳新榮在《震瀛採訪錄》也稱許黃清舞的三大傑作，包括：培植道路木麻黃防風林、建造了在舊臺南縣堪稱獨一無二的「遂園」。此外，老鄉長熱愛文學，當時書房藏書 3,000 餘冊，整個牆面都做成書櫃，上至天文下至地理，傳統古書及現代百科全書應有盡有，堪稱鹽分地帶北門區藏書最豐富的人。

黃清舞的「遂園」，是將軍地區最具規模的林園宅第。參照中西建築風格的「遂園」是先種樹再蓋樓。鄉長任內很有遠見

的，在鄉內遍植木麻黃，做為防風林、護沙洲、避溽暑，又可定期砍伐出售，增加鄉庫收入，對於偏鄉有著重要貢獻。

老鄉長的「遂園」也是很有計畫的分階段進行，歷時多年才完成。「遂園」正面是西式洋樓建築，做為診所，格局設計包括診療室、候診室、護理室、藥房等空間。後方結合傳統三合院建築，主要用途是住家客廳、書房、臥室、餐廳等，其中，中庭設計以圓拱迴廊環繞四周，最具特色。整座建築物本身是用紅磚與竹編土牆砌成，牆面外表塗上白灰與紅朱漆等顏色加以裝飾；樑、柱、門、窗均選用上等臺灣紅檜，質樸穩重。

長年在故鄉行醫的老鄉長，從早期騎馬到單車，最後騎摩托車，在後人記憶中留下了深刻的醫者印象。[16]

加上後來身為「將軍鄉」首位官派及民選鄉長，醫生與鄉紳的身分，都使得黃清舞在地方上德高望重。他的「遂園」尤其顯得庭院深深，在過去的歲月裡，即使是看診的鄉親都充滿好奇，但也只能從診所窺探宅第一隅風情。

歲月流轉，黃清舞先生後代多遷居外地或是國外了，「遂園」只剩老管家管理打掃。林金悔擔任「鹽分地帶文化館長」期間，曾在「遂園」舉辦懷舊文化展，那是1999年11月間。[17]林金悔配合漚汪文衡殿12年一科建醮大典，策劃舉辦了「將軍鄉人跨世紀特展」，活動就在黃清舞故居，名為「起舞弄清影─懷念首任鄉長座

16「首任鄉長」，《蘿蔔庄。崑岡情：將軍鄉人拾穗》，P138~140。
17 林金悔為將軍子弟，1999年時擔任國立臺灣文學館、國立文化資產保存研究中心籌備處主任。

老鄉長故居成為藝術伸展臺。

拱型迴廊成為老鄉長故居最美的風景。

硓咕石庭園造形饒富逸趣。

老鄉長熱愛親手打造硓咕石盆景。

談會及藏書遺墨展」系列活動。

　　當時主持座談會的，是與黃老鄉長知交的耆老林碧山。在地中海風情般的迴廊之間，文人雅士齊聚，懷念老鄉長。簡樸雅致的房舍裡，陸續湧入小學生參觀，小朋友一聽老鄉長讀過牆面書櫃上每一本書、閒來還奏揚琴、整理滿院子盆景，驚呼之聲此起彼落。

　　會中，鹽分地帶作家黃武忠[18]也提到，黃清舞文學素養豐厚，曾被已故文學家吳新榮譽為「北門區藏書最豐富的一位」。

　　與會耆老一致讚嘆，黃鄉長在那個年代的社會環境中，就養成如此高的人文素質，任內還成立管絃樂團為婚喪喜慶帶來悠美樂音、設立圖書館、「漚汪戲院」及烈士「林崑岡紀念堂」，支持創辦鹽分地帶雜誌《白柚花》、《檳榔樹》。知名書法家卜茲更是肯定黃鄉長的書畫功力。

　　展後，「遂園」即陸續掛出販售訊息。林振豐與在地耆老們，不忍「遂園」被夷為平地，而與黃家後代洽商購屋事宜，卻因價格與建商出價太過懸殊，「遂園」這幢美麗的古厝就被建商買走了。但他們一直沒放棄搶救「遂園」的機會。

❖　**搶救遂園，好事多磨**

　　在漫長的歲月裡，每當「遂園」傳出求售之時，耆老們總是捨不得遂園這棟老宅院會從此消逝。直到2006年底，意外聽到老

---

18 黃武忠當時擔任國立文化資產保存研究中心秘書。

友林金悔說要到「遂園」搬幾座盆景回家，否則，「再慢就全被挖土機打掉了！」

　　林振豐與在地耆老花了大半年時間搶救盆景，完成之後，邀請老鄉長黃清舞先生的兒孫們前來觀賞。他們親睹修復後的盆景，十分感動。2007年夏天，歷經波折的「遂園」，挖土機又再次正式進駐，已經將「遂園」圍牆拆除一半，在地耆老們先獲黃家人首肯，入內搶救屋內文物、木製門窗……等，未料附近民眾聞訊後也紛紛加入，他們只好改與老管家利用夜間行動，可惜搶救到的文物不到一半。

　　好事多磨，2007年9月間，林金悔先生突然轉達說，黃家願意談談「遂園」的未來。林振豐立即聯絡耆老們，與黃家詳談，

黃清舞於鄉長任內，在圖書館設立先烈崑岡紀念堂，並且留下永恆的身影。（照片由方圓美術館提供）

終於，他的誠心感動了黃家兒孫，進而從建商的手中將古厝買回，接著展開1年多的修復工作。

老鄉長昔日規劃的「遂園」，融合竹編土方加紅磚建材，外層是樸素的水泥外壁、紅屋瓦片。團隊找遍各種適合的塗料，讓修繕後的「遂園」保有原來的古樸典雅。此外，原建築紅磚牆砌法極為講究，林振豐尤其是費盡苦心才找到舊紅瓦，並且將原有破損的屋頂修補完善，逐步讓「遂園」古風重現。此後，這棟美麗的老宅院古厝命名為「方圓美術館」而重回人們生活中。

文學素養深厚的黃清舞，曾分門別類，整理或自創中、日文修心養性的錦句。「方圓美術館」整理出的六類手稿包括：「遂園」處世拾錄、益壽經養心篇、怎樣創造自己、幸福手稿、日文論文集及謎語等。

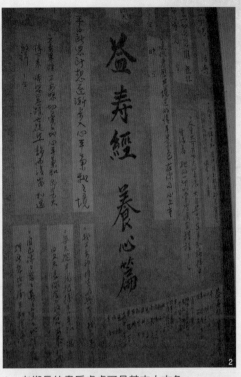

1　老鄉長的書房處處可見其文人本色。

2　老鄉長非常重視益壽養心。

3　老鄉長的處世哲學及生活點滴是重要館藏。

4　方圓美術館充滿人文氣息。

美術館整理出為數不少的老鄉長手稿,還包括抄寫古詩文。

格子窗上記錄著「遂園」整修前的模樣,還有老鄉長含飴弄孫的歡樂景象。

老房子整修時,刻意保留下竹編夾泥牆建築結構。

歷時多年,終於讓老鄉長故居重現舞臺的企業家林振豐,對「遂園」有股濃濃的鄉情。

黃清舞鄉長重要紀事

1905年　日明治38年，出生於臺南州北門郡將軍庄巷口，今臺南市將軍區。

1921年　16歲時入「臺灣總督府醫學專門學校」就讀。

1926年　3月31日，21歲自醫學專門學校畢業。7月在漚汪西甲開設「遂生診 所」，懸壺濟世。

1927年　22歲時獲委任為「將軍庄公醫」。

1938年　3月，「遂園」完成第一期工程。

1944年　39歲「遂園」完竣，並自原診所遷至此繼續行醫。
　　　　開始擔任「漚汪公學校」(後來的漚汪國小) 校醫達數十年之久。

1946年　41歲，受命組織「三民主義青年團漚汪分隊辦事處」。4月5日宣誓為第一屆臺南縣參議員。10月22日擔任官派「將軍鄉」首屆鄉長並辭去「臺南縣參議員」。

1949年　「將軍鄉衛生所」成立，黃清舞鄉長兼衛生所主任。

1960年　54歲，2屆官派、2屆民選鄉長之後，第5度當選連任之後，任期長達15年。

1964年　59歲，母親黃蔡草女士過世。

1975年　70歲，退休生活以閱讀音樂和砣砧石盆景為伴。

1994年　以高齡辭世，享年89。

2007年　企業家林振豐出面自建商手中購回「遂園」。

2008年　8月成立「財團法人方圓文化藝術基金會」。

9月整修完工、11月更名「方圓美術館」，正式對外開放。

2010年　故居古厝獲登錄為臺南市歷史建築「臺南漚汪原遂園」。

2017年　1月7日，臺南市政府在「方圓美術館」舉行名人故居掛牌儀式。

致謝：

　　漚汪在地鄉親歷經波折，終於獲得黃清舞後代支持，搶救了「遂園」。筆者記錄了「遂園」蛻變為「方圓美術館」的戲劇化歷程，漚汪在地耆老們對於守護這棟人文瑰寶的的堅持令筆者十分感佩。「方圓美術館」執行長廖小輝先生，在筆者採訪撰文期間，給予各方面的協助，並提供老鄉長年表等寶貴史料。另外，文中3幀黃清舞老鄉長的舊照，也由「方圓美術館」授權提供，特此致謝。

王金河
縣議會元老，醫生鄉長人稱烏腳病患之父

王金河（1916～2014）

2014年獲列醫療類臺南歷史名人

2015年北門故居掛牌，金河診所捐做「臺灣烏腳病醫療紀念館」

　　2008年，烏腳病患之父王金河，從行政院長劉兆玄手中接過「社教公益獎」獎座時，精神奕奕地說：「我今年93歲了，但我的人生才要開始，我還要繼續做有意義的事！」

　　此話不假，這往後幾年的歲月裡，一直到高齡仙逝，王醫師依舊神采奕奕地出現在公眾場合，關心地方事務與公益；每當受訪時，仍總是謙沖地強調自己很平凡。然而，他為這片土地所做的，讓他平凡中更見偉大。

❖ 畢生以基督之名，醫病且醫心

　　王金河醫師，曾為烏腳病患義診25載，而被譽為「烏腳病之父」。筆者站在病患的角度，敬稱他是「烏腳病患之父」，他畢生以基督之名，醫病且醫心。

　　儘管他有很長的時間從政，卻也窮盡大半輩子在貧瘠的北門沿海懸壺濟世，特別是和妻子王毛碧梅女士（1922年4月26日生於六甲）主持基督教芥菜種會名下的烏腳病免費診所，為臺灣烏

2007年已經退休的王醫師，向來訪的記者示範昔日看診情景。

2007年8月的記者會上，王醫師（左一）向當時的蘇煥智縣長（左二）與文化局長葉澤山（右一）訴說往事。

腳病醫療史留下可歌可泣的詩篇。更為人稱道的是，2009年，他將歇業多年的「金河診所」捐做「臺灣烏腳病醫療紀念館」，為籌措多年的紀念館劃下圓滿句點，也為王醫師的人生平添不朽的故事。

　　1943年初返回北門永隆家鄉的王醫師，意識到當時嘉南沿海因烏腳病盛行、病患正承受著截肢之痛與家破人亡的陰影。1960年，基督教芥菜種會借重他的診所，設置烏腳病免費診所及擴建烏腳病房，他與太太王毛碧梅義不容辭帶領的醫療團隊，結合信仰與聖樂，在小小診所裡撫慰病患心靈。更重要的是，知名醫師謝緯定期南下為病患動手術，也促成王醫師參與免費醫療長達25年，直到政府接手。

　　其實，王金河醫師初返鄉時期，也是懷抱知識分子回饋鄉里的心情參與了政治。他曾任第一屆北門鄉長、臺南縣2屆議員，

面對昔日病患憶往，王醫師百感交集。

王醫師在昔日診間接受訪問，診間展示著截肢標本，那是烏腳病患慘痛歲月的印記。

王醫師的女兒們與工作夥伴陪伴一旁。

臺灣烏腳病醫療紀念館開館記者會，特別選在昔日的病床上座談。

王醫師在病歷櫃前談往事，神情顯得凝重。

北門嶼教會曾是病患的精神堡壘。

王金河診所化身烏腳病醫療紀念館。

並曾獲選北門鄉農會理事長，卻因故遭人誣陷入獄，心灰意冷而退出政壇。或許是上帝的安排，此後的王醫師，成了無數烏腳病患生命中的心靈父母。

「我是一個平凡的小鎮醫師，我所做的一切，只是盡醫師的天職和行上帝的旨意而已，」王醫師不論是接受醫療奉獻獎殊榮，或面對各界的讚美感恩時，總是如此謙虛。

❖ 虔誠基督徒，出生赤貧鹽鄉

王醫師是個虔誠的基督徒，出生在濱海的北門，這片曬鹽地。他深知當地環境先天不足、後天失調，人民貧赤、清苦，一旦罹患疾病，只有任病魔擺佈。他認為，任何有醫術的人，看到烏腳病患的遭遇，都會於心不忍。

王醫師自東京醫大畢業後，帶著妻子返鄉行醫。他知道故鄉需要他，他毅然回到小漁村行醫。當時，村庄處處是石子路，巔簸難行，「我太太初來到這個村落，很不能適應。她常嘆著：這個窮鄉僻壤，怎麼生活？太太希望能回到東京去定居。」婚後，他常帶著太太遊歷歐美世界各國，後來太太告訴他，「走來走去，還是回到自己的故鄉好。」太太對北門的觀感有了轉變，全是因為她已深深愛上這個小漁村。

王醫師初返臺時，最先於當時的省立臺南醫院服務。由於前輩的鼓勵，他毅然回到北門沿海懸壺濟世。一開始，他其實還抱著做滿 2 年再回到大都市發展的想法。

❖ 23 天冤獄，多年之後才平反

王醫師自日本東京帝大畢業之後，原是為了避開二次世界大戰而返鄉。臺灣「光復」當下，他也曾與一群熱心的青年站上舞臺上，迎接「祖國」。當時，百業待舉，他因為孚眾望，而被推選為北門鄉第一屆鄉長，又連續擔任臺南縣第 1 屆參議員及後來的第 1 屆臺南縣議員，也曾獲選北門鄉農會理事長。

他曾告訴筆者，當年滿腹理想且年輕氣盛，一心想多為鄉里服務，於是，職務一個接了又一個，可以說，來者不拒。然而，他就在擔任縣議員期間，因派系之爭，被誣陷入獄。

他感觸良多地說：「我經常告人，也被人控告，對方因此做牢，我內心很難過……。但我也曾被誣陷，受了 23 天冤獄，多年之後才平反。」

王夫人初隨王醫師返回北門開設金河診所時，為求得子每天吃早齋，而且不惜舟車之苦，走遍全臺大小廟宇。這時面對王醫師冤獄，她更憂心忡忡，到處求神問卜，祈求能早日洗刷丈夫不白之冤。

王醫師的牢獄之災雖然在 3、4 年之後獲得平反，他卻已對政治心灰意冷，決定此後專心行醫，因而與烏腳病結下了不解之緣。

1959 年，北門嶼教會設置之後，為了家人四處求神拜廟的王夫人，和丈夫彼此尊重對方的信仰，也認同教會的兄弟姐妹。然而，王夫人最初仍非常擔心被人傳道或帶去信基督教。但她終究擋不住丈夫內心散發出來的宗教熱忱、擋不住教徒從生活實踐出來的基督精神，漸漸的，她深受感動而於 1960 年在北門嶼教會受

洗，開啟另一段結合醫療與宗教，撫慰病患身心的生命歷程。

　　王醫師形容，太太從此像脫胎換骨，對教會十分投入。原本就熱心的她，完全敞開心門關照周遭的人，對病患更是無微不至，端湯送藥、下鄉訪視、攙扶或背著行動不便者，從不喊累。診所裡的行政或粗活，她忙得甘之如飴。

　　烏腳病早期被稱為「烏焦蛇」，是屬於末稍血管疾病，主要疫區在西南沿海，患肢末端會變黑並逐漸蔓延，還會因為外傷導致潰爛、壞疽、自動脫落，即使截肢仍可能惡化。一再截肢的痛苦，是病患揮之不去的惡夢。

　　東京神學大學英籍神學家佛蘭克林博士訪視病患時，目睹了病患發病時的椎心刺骨之痛，以及遭家人遺棄，被親友疏離的悲涼。他當時說：「如果耶穌在世，祂來臺灣，一定先到南臺灣照顧和安慰烏腳病人。」當年就是這聲音感動了臺灣神學院院長孫雅各的太太孫理蓮。

❖ 烏腳病醫療工作夫唱婦隨

　　1956年以後，烏腳病開始受到重視。1960年，基督教芥菜種會率先在北門設立烏腳病北門診所，由王金河醫師、謝緯醫師主持。王夫人全心接納病患，盡一切努力減輕病患的痛苦，烏腳病醫療史上，夫唱婦隨。

　　王醫師也總不忘推崇謝緯醫師，並且謙稱，他對病患的付出是向謝緯學習的，「謝緯常放著自己的診所業務，到北門來為烏腳病患動手術。」王醫師還形容，自己沉迷於烏腳病免費醫療服

務，越迷就越快樂，這種福份，比賺大錢和蓋大厝還歡喜。他更不忘感謝長年為烏腳病默默奉獻的無名英雄們。

後來臺灣省政府於 1970 年頒訂烏腳病防治計畫，1971 年在免費診所興建了病房一棟，白色西洋迴廊式素雅的建築，被在地人稱為「白宮」。

王醫師還在醫院附設草蓆工廠，幫助病患自力更生；另外，教堂唱詩班是病患的心靈良藥。病院裡，有時一個月內死了 4、5 個人，院方必須協助收埋。那時候，連未婚護士都自願抬棺。那一段烏腳病醫療史，是這一群窮鄉僻壤的醫護人員，共同寫下的生命詩歌。

在診療所外，王夫人不是護士，但長久的耳濡目染和停不了的愛，驅使她每晚為病患讀聖經、講道理，帶著大家唱聖歌，甚至流行歌曲「歡喜就好」。在眾人心目中，「先生娘真活潑，唱歌最好聽，大家唱歌、有說有笑，心情感覺輕鬆了許多，」有個老病患對筆者訴說這段往事，當年在教會做禮拜、唱聖歌的氣氛，讓他畢生難忘。

「當初，王醫師的診所收留很多病患，包括不是烏腳病的。像我因為眼睛失明，無依無靠，很多人建議我去找王醫師和先生娘，他們知道我的處境，馬上要我住下來……」，這個老病患後來轉診到烏腳病防治中心安養，他對王家的恩情感激不已。

事實上，帶領病患唱歌只是減輕心靈的痛苦。他們的生計也是重要課題。於是，王醫師向當時的農復會和臺南縣政府爭取了經費，補助設立手工藝加工場，也就是大家熟知的草蓆加工場。

許多老朋友前來祝賀紀
念館即將開館。

昔日護理長介紹王金河
太太教病患織蓆的舊時
光。

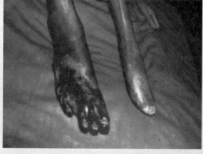

診間牆上投影機，不時播映著當年病患截
肢與堅強求生的故事。

在那裡，30多位收容病患或靠著雙手、或隻手學得一技之長，從此，有能力靠自己賺零用金的感覺，真美好。

　　為了讓王醫師專心醫療，王夫人承擔起草蓆工場經營工作。王醫師仍不忘到處觀摩、研習和設計新產品、新織法。當然，選購原料、延聘老師和成品銷售，大大小小的事，均由王夫人一手包辦。

❖　**25載悠悠歲月裡，視病如親**

　　烏腳病免費診所奉獻25載的悠悠歲月裡，篤信基督的王醫師不分省籍、不問信仰地視病如親，甚至親手為孤苦無依的死者釘製棺木、下葬、修墳。每每憶起病患的痛楚與不幸，他仍不禁悲中從來。

　　事實上，「診所不只看烏腳病，」王金河回憶說，他每次遇其他病症患者上門，都會擔心教會經費不足，但孫理蓮總說，「教會不醫窮人，誰醫？」有個老榮民心臟病發，王醫師熱心籌錢要幫忙轉診大醫院，老榮民卻說：「我死也要在這裡。」老榮民終告不治，王醫師收拾悲傷後，和幫助其他孤苦一樣，釘製棺木和張羅葬禮。老榮民生前老友獲悉後，有感而發的說，「老榮民應是要在這個充滿人情味的地方，走完最後一程吧！」

　　到了1973年，當時擔任行政院長的故總統蔣經國巡視烏腳病免費診所，目睹病患所受的煎熬，遂指示成立研究小組並興建烏腳病防治中心，病患才改由政府照顧。王金河診所則持續開業，照顧沿海地區病患，並且仍經常免費醫治窮苦患者。

2002年縣府人員，陪同專家踏勘王金河診所及舊烏腳病房。

臺灣烏腳病紀念園區開幕時，吳新榮之子吳南圖醫師也來共襄盛舉。

臺灣烏腳病文化紀念園區開幕時，工作人員示範從電話筒聆聽解說。　　2007年9月29日的紀念園區開幕會上，王醫師領唱詩歌。

　　在地已故醫師王烏詰是王金河的大媒人。王烏詰曾任原臺南州北門庄的庄長，也曾任評議委員，王金河對他十分敬重，他和六甲出生的毛碧梅的長兄毛昭川又是臺大醫學院同學兼好友。王烏詰陪王金河到臺中提親吃了閉門羹，於是建議順道拜訪老友毛家，意外為王金河與毛碧梅牽了紅線。而毛碧梅的姐夫正是已故的鹽分地帶文學先驅吳新榮醫師，吳新榮和王金河早有同窗情誼。

　　1995年，王夫人病逝後，王醫師忍痛繼續行醫，但看著群體醫療中心日趨完善，北門烏腳病防治中心改制為省立新營醫院北門分院，他也完成了階段性任務。他自覺苦盡甘來，終於放得下心。退休後，他多半留在北部由子女相伴。

　　1997年3月，王醫師獲頒第7屆醫療奉獻獎。同年8月再獲前總統李登輝先生召見。他以血淚編織的烏腳病醫療故事，深深打動人心，然而，生命中每個重要時刻，也是他最感念妻子的時候，「她是我生命中最大的支助與成就，也是她成就了我，」王醫師每次獲得殊榮，總忍不住對妻子的思念而熱淚盈眶。他總說：「20多年的烏腳病行醫生涯，若沒有她，不會如此甘甜。」

❖ 捐出診所做為烏腳病醫療紀念館

　　2006年在原臺南縣政府與文化處促成之下，王醫師捐出位在北門區永隆里27號的金河診所，籌設「臺灣烏腳病醫療紀念館」。紀念館於2006年11月成立並動工，再於9月29日由當時的陳水扁總統主持開館典禮。此後，小村庄意外創造了人文觀光熱潮，小吃跟著熱賣。未久，王醫師興奮地告訴我，有個賣豆花的，平

日生意比往常好，假日更是生意倍增；海產美食攤也川流不息哦！小村落有了生氣，王醫師難掩欣慰。

2014年春天，傳來王醫師溘然辭逝的消息，令許多鹽鄉子弟和老烏腳病患相當不捨。

令人欣慰的是，小診所成了傳頌愛與奉獻故事的園地。昔日廚房重現當年手術室場景，永恆播放著烏腳病患的故事，王金河也被譽為「臺灣史懷哲」。

王金河醫師重要紀事

1916年　出生於北門永隆。

1941年　畢業自日本東京醫科大學。

1942年　與六甲鄉望族千金王毛碧梅結婚。

1943年　自日本返鄉。

1944年　創設金河診所。

1945年　被推選為第一屆北門鄉長。

1946年　當選臺南縣參議會第一屆候補參議員（北門鄉）。

1951年　當選臺南縣議會第一屆直選縣議員（第5選區）。

1960年　基督教芥菜種會在北門嶼創設烏腳病免費診所。

1962年　獲全國好人好事表揚；太太王毛碧梅也於1966年獲獎。

1993年　與太太共同獲頒北美洲臺灣人醫師協會「賴和醫療服務獎」。

1995年　行政院衛生署頒發貳等衛生獎章。

1995年　4月20日太太王毛碧梅蒙主寵召，享年73。

1996年　王金河診所歇業，行醫半世紀。

1997年　榮獲第7屆終身醫療奉獻獎。

2006年　捐贈診所並獲文建會補助修繕成立臺灣烏腳病醫療紀念館。

2007年　紀念館完竣並於9月29日開館。獲頒三等景星勳章。設立王金河文化藝術基金會。

2008年　獲頒行政院社教公益獎。

2014年　3月13日與世長辭，高齡98。

林金莖
外交折衝 40 載，人生歷程與公職生涯同精彩

> 林金莖（1923～2003）
> _____
> 2016年獲列政治類臺南歷史名人

　　2001年9月10日，甫卸下「亞東關係協會」會長職務的資深外交官林金莖，獲頒授二等景星勳章，總統藉以表彰他致力中、日關係、促進國民外交的付出與貢獻。林金莖說，蒙總統親頒勳章，是他從事外交工作50年來的最大光榮，希望與妻子、家人及

2005年間，林金莖由當時任子龍國小校長的黃南慶陪同，接受母校學弟妹們夾道歡迎。（照片由子龍國小提供）

好友分享這分榮耀。[19]

　　林金莖出生於佳里子龍，祖籍福建省泉州府，同安縣銀同鄉田邊村馬厝巷，先祖到子龍定居，傳承到林金莖已經是第10代。

　　子龍的地名由來，源自永昌宮主祀趙子龍將軍，信眾敬稱為「趙聖帝君」。永昌宮因此也稱做子龍廟，「龍」字臺語發音同「良」，後來又改稱「子良廟」。永昌宮庭園裡一座「趙子龍救世主」的巨型塑像十分雄偉，也成為社區重要地標。林金莖也是趙聖帝君的忠誠信徒，畢生多次提及子龍將軍救命的經歷與故事。

❖ 子龍爺二度救命

　　林金莖年少時，正值二次大戰期間，聯軍轟炸甚急，學校師生常得躲空襲，他也經常在防空壕裡看書，消磨時間。一日又逢轟炸，但他來不及跑到防空壕，而另行躲藏。結果他來不及去的那處防空壕被炸垮，所有人原以為他在防空壕遇難了。

　　幸運的林金莖，躲過一劫之後，除了慶幸自己不做虧心事而得以平安之外，他更深信，是因為有趙子龍將軍的神威庇佑。

　　1948年元月，林金莖在上海復旦大學深造，時值國共戰事吃緊，共軍已攻至上海江北一帶，當時約有半數公費生準備回臺。林金莖曾在回憶錄中敘述當時已買了太平輪船票，當晚卻發夢：「見一白盔白馬神將，抱一幼子道曰：明日之船不可乘也。」他半夜醒來，內心有了不祥預兆，但也正好隔天要領一筆稿費，於是

---

19 聯合報18版綜合新聞，2001年9月11日。當時在任者為陳水扁總統。

他改買了中興輪船票。那時，購票者大排長龍，他因為持有考選部的高等檢定准考證，得以優先購得中興輪的船票。

就這樣，歷經幾番周折，他沒搭上原訂的太平輪船班，而改登上中興輪返臺。啟航後的太平輪，幾日之後，遇上船難，船上數百人無一生還。林金莖又一次與死神擦身而過。他在心裡思索著：白盔白馬抱一幼子之神將，必是子龍爺無疑。他虔心敬拜的子龍將軍神恩如海，護佑他躲過死劫，真是萬幸之至。[20]

1999年，林金莖擔任行政院經建會委員期間，鄉親提議重建永昌宮，並推林金莖為「永昌宮重建委員會名譽主委」，他率先捐款120萬元。2000年3月14日，時任「臺灣省主席」的趙守博參與佳里子龍廟重建落成啟用典禮，趙主席還特別借喻趙子龍「忠義勇正」精神，勉勵在場嘉賓。

永昌宮斥資1億元，歷經5年重建完成，林金莖正值擔任「亞東關係協會理事長」，與趙守博主席又是舊識。趙守博曾五度前往參拜，重建落成大典上特別獲邀與會，當天典禮政要雲集，讓鄉親與有榮焉。

林金莖曾經有意參政，投入選舉，未獲提名。然而，他畢生從事公職以來，一直十分低調，可以說是個非典型的政治人物。他的出生、成長與公職生涯，卻又充滿傳奇色彩，也極為勵志。在中研院近代史口述歷史叢書系列《林金莖先生訪問紀錄》書中，

20 黃自進訪問、簡佳慧紀錄，《林金莖先生訪問紀錄》（臺北：中研院近代史研究所，2003年），頁29~30。

1　子龍廟圍牆內，趙子龍騎馬像是重要地標。

2　俗稱子龍廟的永昌宮廟貌堂皇。

3　永昌宮殿內可見林金莖所贈「神威無疆」牌匾。

4　永昌宮牆上，重建委員會名單中，林金莖擔任名譽主委。

詳實的記錄了他的生命歷程，傳達了他的人格與風骨。

❖ 書香之家，父親精通經典、兄長是文學家

　　林金莖出生於書香之家，父親林泮，人稱「泮先」，自耕農，號「芹香」，精通中國經典。「泮先」日治時期擔任保正（里長），為人處事受到鄰里敬重。

　　林金莖有8個兄弟姐妹，兄長林芳年是鹽分地帶前輩文學家，名列「北門七才子」。而排行老么的林金莖自幼深受父親疼愛，名字也有寓意。「金莖」二字取自《幼學瓊林》末句「潤邑金莖」，潤邑為富潤國家之意；金莖指的是皇宮前高大門柱上所置放的「承露盤」（據說，皇帝喝下晨露水能長壽）。林金莖回憶，父親為他取此名做為激勵，並且盼望他能為國家盡力，「因他深信日本治臺必會失敗，臺灣終會回歸祖國懷抱，這個『國家』指的就是中華民國。」[21]

　　林金莖自幼學習成績優異，佳里興公學校（今佳興國中）高等科畢業後，自行報考臺南二中。然而父親雖身為保正，卻對日本很反感。父親並且問他：「為什麼要當日本人？」「日本快輸了！用不著去唸日本人的中學。」於是他放棄臺南二中，但又難掩失落。

　　接下來的日子，他在家幫忙耕田養牛，仍不忘讀書。1941年發生珍珠港事件，戰事擴大，佳里興公學校很多日籍老師被調出戰。他在當地因為飽讀詩書是出了名的，於是獲邀到母校擔任代

21　黃自進訪問、簡佳慧紀錄，《林金莖先生訪問紀錄》，頁6。

理教員，同年考上代理教員資格，翌年便升任為「準訓導」，也就是正式教師。未滿20歲的他，因緣際會成為當地第一位文官。他曾描述自己穿著文官服、戴文官帽的樣子，頗有不可一世的感覺。

其實，這項機遇對青年林金莖而言，更重要的意義是，校長派他報考「臺南師範學校」短期公學校教員講習科期間，認識了同期的「吳小姐」，也就是他的妻子林吳愛桂，名醫吳近之女。他這個自耕農之子想與醫生的女兒結婚，在當時保守的社會觀念中，通常被視為懸殊太大。林金莖因而被挖苦說他是：「拿竹筷子想夾香菇肉」。

然而，兩人一見鍾情。他曾經回憶，為了能與「吳小姐」匹配，他更加努力上進，方有後來的生涯成就。1943年有情人終成眷屬，他與吳愛桂婚後育有4子1女。他有感而發的說：「在我一生中，內人貢獻最大。」[22]

❖ 從不放棄進修，接連考試拚上外交官

勤學的林金莖沒有放棄進修。臺灣「光復」後，1945年9月插班建國中學，1946年就讀高三時，就考上「臺灣省行政長官公署」舉辦的「臺灣省升學內地大學公費生」考試，短期受訓之後分發到上海復旦大學法律系。

由於他個性剛直，父親認為他不適合選醫科，父親的見解是：「醫科是日治時代的人喜歡考，因為日本人喜歡臺灣人當醫生，

22　黃自進訪問、簡佳慧紀錄，《林金莖先生訪問紀錄》，頁16。

不希望臺灣人干涉日本政治；現在臺灣光復了，臺灣在中國歷史上應有一席之地，因此應該唸法律或政治。」[23]林金莖返臺後，插考上臺大法律系並於1950年畢業，同年就以高考普通行政第一名分發到「臺灣省民政廳」，展開仕途並且不斷進修、考試晉升。

1952年，林金莖通過了外交官考試，一方面想為國家打拚，一方面也想測試自己的實力。接著，他展開了長達40年的外交生涯。

擔任公職其間，林金莖又於1962年取得日本早稻田大學法學碩士，1965年博士班課程修畢，1988年以論文《戰後的日華關係與國際法》，獲頒日本亞細亞大學國際法法學博士學位。

林金莖於1950年至1952年期間，連續通過高考普通行政、律師及外交官領事官考試。公務生涯曾經歷任司法行政部（今法務部）秘書、臺灣省民政廳科長，外交部亞太司專員、專門委員兼科長、駐大阪領事、駐日大使館政務參事、亞東關係協會駐日副代表、行政院經濟建設委員會委員、駐日代表及亞東關係協會會長等職。

❖ 外交奇特經歷，曾為蔣夫人擔任翻譯

外交職涯其間，林金莖曾有一段奇特的經歷。由於他曾取得「臺灣省升學內地大學公費生」資格而赴復旦大學讀書，因此能

---

23 黃自進訪問、簡佳慧紀錄，《林金莖先生訪問紀錄》，頁23。

說上海話。就在他擔任亞太司第一科科長期間，張群先生[24]獲悉他懂上海話，於是推薦他去當蔣夫人的翻譯。蔣夫人宋美齡會見日本籍夫人時，翻譯員聽不懂夫人的上海話而常造成困擾。其他時候，若有日本外賓來訪，張群先生也會請他協助翻譯。

後來因為蔣中正總統的翻譯官周隆歧先生外放他國，而改由林金莖擔任蔣總統翻譯，並且獲得蔣總統與陪席的何應欽將軍讚賞。林金莖曾回憶，擔任通譯必須戰戰兢兢，相當機警。

然而，身在特殊的時代，外交生涯是一場艱鉅的戰役。林金莖最深的感慨，應是經歷與日本斷交。1972年9月29日，日本田中首相將與中共在北京發表建交共同聲明的前一個晚上，林金莖已有直覺。「一大清早，我與鈕公使及彭大使同坐一輛館車，從大使館出發，在秋風細雨中默默前進，車頭前的中華民國青天白日滿地紅國旗，無力地在那裡飄蕩著，大家的心情都很沉重而感傷。」林金莖在口述歷史中，道出9月29日清早的沉重心情。[25]

1972年10月25日，中華民國駐日大使館人員，含淚降下青天白日滿地紅國旗。1973年1月11日，中共駐日大使館成立了。中華民國與日本斷交之後，預期中共將會壓迫我與日本的外交事務，因此雙方積極促成「民間協定」以規範實質的外交往來。在各方奔走下，日方於12月1日在東京設立「財團法人交流協會，」我方於同年12月3日成立「亞東關係協會」。

24　張群先生曾任國民政府外交部長、四川省主席與行政院長等職。
25　黃自進訪問、簡佳慧紀錄，《林金莖先生訪問紀錄》，頁83。

❖　國家存亡之秋，我只有全力以赴

　　「我以為，中（中華民國）日斷交，擔任政務參事的我責任最大，因此當時已有被調派回國的心裡準備。」未料，斷交翌年，也就是1973年3月20日，他又接到外交部派令，他將擔任「亞東關係協會」東京辦事處顧問。他形容，留在已斷交國家，難免有心理負擔。他一直不明白為何會被留下來，但他告訴自己：「既然受命於國家存亡之秋，我只有全力以赴。」在鈕公使回國到馬樹禮代表[26]到任期間，林金莖還曾代理大使館館務，積極處理斷交善後與大使館館產保護工作，自此也與馬代表彼此熟識。

　　沒想到斷交一年多之後，他即奉派為副代表，「馬先生對我相當錯愛，從我奉外交部派令升任副代表起，與他共事長達12年之久。在馬代表賢明領導之下，參與斷交後的中日交流工作，反而是我一生最值得驕傲的回憶，所幸迄今仍受其訓勉，佩感同深。」他在《林金莖先生訪問紀錄》中，對於政府栽培與馬代表提拔之情，表達了由衷感激。[27]

　　也由於他在擔任大使館三等秘書期間，已在早稻田大學鑽研國際法並積極參與學術活動，與法界多有往來，一直擁有不錯的人際網路。因此，他在擔任副代表之後，進一步建立豐富人脈，與日本官方建立了深厚友誼，也成為拓展與日關係的莫大助力。

26　馬樹禮於1973-1985年2月擔任亞東關係協會駐日代表，自1990年8月起擔任會長。
27　黃自進訪問、簡佳慧紀錄，《林金莖先生訪問紀錄》，頁90-91。

❖ 三度出使日本，困境中達成外交任務

旅日多年，林金莖於1993年4月13日三度出使日本，擔任駐日代表，也在多次重大事件與困境中達成任務，為國家爭取最佳利益。1996年10月1日召開的「亞東關係協會」理監事會議，接受了馬紀壯會長的辭職[28]（逾八旬的馬會長不慎骨折），並通過由林金莖接任「亞東關係協會」會長的任命案。

直到2001年8月，林金莖計畫帶團赴日參加第26屆中（中華民國）日經貿會議，並且拜訪日本朝野政要，希望將雙方實務交流提升到政府與政府之間的直接往來，唯這時候，媒體報導了總統府調整國安人事。在人事安排過程中，林金莖於8月10日向外交部長提出辭呈，翌日陳水扁總統召見，告以將特聘為總統府國策顧問，期許他繼續協助政府促進與日交流。

2001年9月10日，陳總統嘉勉林金莖「長期致力中（中華民國）日關係，積極促進國民外交，折衝樽俎，勳績卓著，特授予二等景星勳章」。

林金莖於2002年2月8日在中正紀念堂舉行公職告別會，當時的外交部長田弘茂等臺日友人150餘人與會。宴會上，田部長細數林金莖服務公職50餘年的努力與成果，尤其肯定他致力於改善臺日兩國關係。田部長的致辭讓他感到格外溫暖，他尤其感念：「所幸有他（田部長）的肯定，否則世人難免會誤會我是『被免職的』。」

---

28 馬紀壯自1986年1月出任亞東關係協會駐日代表，1990年轉任總統府資政。

2005 年間，林金莖返回母校子龍國小參與畢業典禮。（照片由子龍國小提供）

當時的校長黃南慶及鄉親、畢業生一起校園巡禮。（照片由子龍國小提供）

校長黃南慶（右二）及鄉親陪同林金莖（中），在他捐贈的大象溜滑梯前留影。（照片由子龍國小提供）

❖ 獲頒二等景星勳章，公職生涯精彩告別

此後，林金莖除了以國策顧問身分參加總統府例會，還經常應邀到中央研究院、臺大、政大等學術單位演講，熱心參與文教與法學事務，還曾與最高法院法官楊商江律師合開律師事務所，可以說退而不休。

2003年12月10日林金莖病逝臺大醫院，享年80。林家位在「子龍廟」聚落的古厝，前有洋房，後有三合院，庭園果樹蓊鬱，十分氣派，而今，只能留在老照片中供後人追憶了。

「林金莖以其卓越的法學素養及職業外交家專長，致力於臺日外交工作40餘年，期間並與日本朝野政壇領袖、各界菁英建立深厚情誼，為臺日斷交後，落實兩國之實務關係，奠定良好基礎。其豐富的閱歷，也為臺日交流歷史上留下最重要的見證。」2016年，林金莖獲列政治類「臺南歷史名人」，臺南市政府文化局「臺南歷史名人錄」的讚辭，給予林金莖公職生涯最佳註腳與崇高的評價。

林金莖先生重要紀事

1923年　7月18日，生於佳里子龍。

1941年　4月，18歲擔任「臺南州北門區佳里興公學校」教員。

1943年　21歲，與吳愛桂女士結婚。

1950年　27歲，高考普通行政人員第一名及格。

1951年　28歲，律師高考及格，任「省政府民政廳」科員兼第一科薦任股長。

1952年　29歲，高考外交官及格。

1956年　獲聯合國研究費赴紐西蘭研究考察政治至1957年。

1958年　轉任外交部亞太司專員。

1959年　8月，任駐日大使館三等秘書。

1962年　5月，由大阪總領事館升任領事。

1971年　7月，任中華民國駐日大使館政務參事。

1973年　5月，50歲任「亞東關係協會」東京辦事處顧問，代理副代表。

1974年　8月，51歲任東京辦事處副代表。

1983年　6月，60歲獲頒美國聯合國大學國際法學博士。

1988年　65歲獲頒日本亞細亞大學國際法法學博士。

1989年　8月，66歲辦理外交官退休，奉派擔任經建會特任專任委員。

1989年　受聘淡江大學與文化大學日本研究所講座教授至1993年。

1993年　70歲，奉派駐日代表處代表。

1996年　10月，73歲任「亞東關係協會」會長。

2001年　9月10日獲頒二等景星勳章。結束公職生涯，獲聘總統府國策顧問。

2003年　12月10日病逝臺大醫院，享年80。

林金莖先生著作

《戰後中日關係之實證研究》：中日關係研究會（中文），1984

《戰後中日關係與國際法》：有斐閣（中文），1987

《日本國憲法論》（與陳水亮博士合著），中日關係研究發展基金會（中文），2002年再版。

第五章

結論

　　鹽分地帶，這塊赤貧地，歷經滄海桑田與時代更迭，不只孕育出在臺灣舉足輕重的文學花朵；鹽鄉子民返鄉奉獻或旅外奮鬥，寫下的一頁頁傳奇般的人生故事，至今仍影響著後人與這片土地。

　　大臺南名人故事已然臺灣歷史重要篇章，在臺南縣、市合併升格為直轄市「臺南市」之後，舊臺南縣沿海鹽分地帶精神，仍在臺南大地的產業與人文發展中留下深刻記號。

　　這個在貧瘠的鹽分地上練就的招牌，曾經寫下臺南幫「夥計變頭家」與「傳賢不傳子」的企業佳話。他們的創業故事為企業界傳頌著；他們旅外的拚鬥精神，為鄉親所津津樂道。

　　誠如臺南幫大老吳三連等人的故鄉新頭港，昔日每每遇雨成災，這樣的環境，迫使年輕人前仆後繼，紛紛出外打拚。或許，

正因為沒有退路，反倒培養了鹽鄉子弟過人的堅毅特質、遇難事不退縮的性格。

吳三連在回憶錄中說，貧苦的童年對他人格和情感有三大影響：一、對母親無窮的思念。二、一輩子也不敢嫌棄什麼東西難下嚥。三、對農家的疾苦，感同身受。

又比如臺南幫元老侯雨利，二重港侯氏家族資本形成，最大特色就是白手起家，獨立經營。侯家子弟自侯基這一代起，也正因為故鄉難以維生，被迫出外發展，經商，就成了主要出路。一直到侯雨利等第二代，都沒有受過基礎教育，沒識幾個字，卻能憑著過人毅力與企圖心，克勤克儉，點滴累積，開拓自己的一片天，奠定了經濟基礎，也成為後來臺南幫擴大經營為現代企業的重要資源。

臺南幫大老有個來自鹽分地帶的共通特質，那就是勤儉、誠信、保守。企業界都知道，吳修齊的經營理念「三好一公道：服務好、信用好、品質好，加上價錢公道」，是他畢生堅持的信仰，也是成功的重要關鍵。

臺南幫第一代領導人之中，侯雨利出生二重港，吳三連、吳修齊及吳尊賢等出生新頭港。而高清愿出生在倒風寮，他的童年也和許多鄉下貧困孩子一樣，「艱苦」兩字仍不足以形容。他常常必須揹著竹籃到剛收成過的田裡，撿拾地主撿剩的番薯。

昔日漁鹽之鄉的子弟，多半是從小就跟著下田、收鹽、養漁或打零工，日子很苦，但沒有人敢埋怨或怠慢。偶爾，家裡若有哪個孩子不識相或偷懶，總逃不過一陣痛打。曾有老漁民跟筆者

分享，窮人家子弟都知道，「一家人就靠這片魚塭食飯。」尤其是大熱天或颱風天，都有幹不完的活，因為，漁民一旦看到魚兒成群將頭往水面上仰，「浮頭了」，就知道魚群缺氧，心頭也跟著「缺氧」。塭堤若真塌了，一家人得冒著風雨，接力拿土方補缺口。「很累、很苦，人人都咬著牙，不敢多說一句。」

這片鹽分地帶，也曾經因為烏腳病醫療史而烙下深刻印記。筆者過去在幾次深度訪談中，陸續拼湊出那段淒苦的抗病歲月。

這片鹽田地創造了「臺南幫」傳奇，寫就了史詩般的烏腳病醫療史，臺南市政府列冊的臺南市歷史名人政治類之中，包括烈士林崑岡、將軍首位鄉長黃清舞等人的生平也都是大時代的故事。

還有許多人畢生默默耕耘，用歲月奉獻土地，以血淚寫下了生命故事。像是鹽田風車發明人、人稱「風車慶仔」的陳登發，在鹽田發展史上寫下不可抹滅的一頁。本書在「附錄」中報導了陳登發、林清祥、陳家旺等三位漁鹽之鄉值得景仰的人物，他們未見於歷史名人之列，卻都是鹽鄉子弟的生命寫照。

本書為鹽分地帶留下的翩翩身影，盼如鹽之花，海之浪，為這片人稱貧瘠之地的漁鹽之鄉，點綴更為豐富的人文色彩。儘管社會變遷，時代如巨輪，但願他們的故事，不論是傳奇或勵志，都能提醒或鼓舞世世代代：人生，一枝草一點露。

附錄

附錄 1　鹽分地帶歷史名人與故居登錄時間表

姓名	登錄名人年份	故居掛牌年份	故居地址	備註
侯雨利	2013	2015	臺南市北門區仁里里二重港1鄰6號	故居庭院開放參觀
吳修齊	2013	2015	臺南市學甲區光華里新頭港子26號	故居不開放參觀
吳尊賢	2013	2015	臺南市學甲區光華里新頭港子26號	故居不開放參觀
高清愿	2017			
龔聯禎	2015	2016	臺南市學甲區光華里新頭港子7號	故居庭院開放參觀
吳清友	2018			
林崑岡	2013			
吳三連	2013	2015	臺南市學甲區光華里新頭港子12號	故居不開放參觀
陳華宗	2013			
黃清舞	2015	2017	臺南市將軍區西華里1號方圓美術館（故居）	方圓美術館開放時間：周一、二休館周三：團體預約周四至周日：09：00~17：00
王金河	2014	2015	臺南市北門區永隆里27號臺灣烏腳病醫療紀念館（故居）	臺灣烏腳病醫療紀念館開放時間：周四至周日：10：00~16：00
林金莖	2016			

謝玲玉製表　臺南市政府文化局資料提供

附錄 2 陳登發：鹽田風車發明人，
人人叫他風車慶仔

陳登發（1926～1969）出生在鹽村。從小就被安排當鹽工的陳登發，不願意命運操控在別人手中。他一次又一次的研究，歷經不知道多少年，終於在1959這一年，他成功發明了鹽田風車，也就是風力抽水機，為鹽業發展寫下歷史新頁。

1926年9月13日出生於七股頂山曬鹽村的陳登發，從小就必須到鹽田幫忙。他不願意一輩子當個辛苦踩水車的鹽工，於是經過了不知道多少年的嘗試，前後失敗了8次，終於在1959年，第9次的實驗，他成功了！他發明了鹽田汲水風車。

這一天，他與鹽民約定在鹽灘做示範，約有6,000名鹽工共同見證這個偉大的日子。他才把最後一片夾板裝妥，6片扇葉開始轉動了，滷水滾滾地從機器裡流出來，送到灘上。鹽民的歡呼聲，像春雷一樣地響遍鹽灘。

那一年，他才30歲，從此在曬鹽村，人人叫他「風車慶仔」。他發明的風車被命名為「風力揚滷機」，利用風力引滷水進蒸發池，再曬製成鹽。這個發明改變了曬鹽生產模式，也創造後來臺灣鹽田遍地是風車的鹽村景觀，後來才被馬達抽水機取代。

臺灣338年曬鹽史於2002年畫下句點，「臺南縣政府」於7月27日舉辦「再會吧，咱的鹽田」告別臺灣曬鹽紀念活動，早逝的陳登發無緣參與這項別具意義的活動。陳登發的兒子陳建興帶著母親邱秋香、妻子和一對子女前往尋根。

1960 年代赴越南拓銷風車。
（照片由陳建州提供）

擁有專利的風力抽水機。
（照片由陳建全提供）

陳建州與陳建興兄弟在工廠
前。（照片由陳建興提供）

1960 年間風車抽水的鹽田景象。（照片由陳建興提供）

　　陳登發的妻子邱秋香看著現場重建的水車和風車，感觸良多。她回顧說，在日治時期，陳登發連耙鹽具都還拿不穩時，就必須跟著父親在七股鹽場工作。他因家貧不能上初中，也沒有怨天尤人，但他省下有限的零用錢，買了書或小機件做為研究工具。

　　曬鹽是件耗體力的工作，光是踩水車就讓人筋疲力竭。這個問題一直困擾著少年陳登發，也一心一意想要改變它。在二次世界大戰期間，日軍節節敗退，臺灣物資奇缺之際，買材料做機具的這些夢想，實在難以實現。直到戰後，他開始能如願存錢，買材料，將腦海中構思已久的機械圖組裝起來。一次又一次，他在製造模型，實驗，再繪圖，改進，製造模型過程中，接連經歷失敗。

　　其實，風車的構造很簡單。一根高達6臺尺的鋼管下面接著一個遠心抽水機，鋼管上端連著一個風車，風車上再裝6片防水三夾板，像風扇的葉片等距排列著。靠著那微微的輕風吹動夾板，就可不停的工作。

❖ 6,000 名鹽工見證偉大的日子

　　陳登發發明的風車曾獲中央標準局專利，「中國勞工出版社」1963年出版的勞工叢書《工人的研究發明》中特別刊載了他的故事。在頂山鹽村，大家都知道這位「風車慶仔」。

　　更細節回顧那個特別的時刻，當他又一次完成機械組裝，就與鹽民約定在鹽灘做示範。這一天，約有6,000名鹽工共同見證這個偉大的日子。《工人的研究發明》這麼寫著：

　　當最後一片夾板裝妥了，陳登發還沒有離開的時候，六片扇

葉開始轉動了，滷水滾滾地從機器裡流出來，送到灘上。那歡呼聲，唱采聲，像春雷一樣地響遍在鹽工的群眾裡，他們簇擁著陳登發，異口同聲向他道賀，同時又向他道謝。

風車的發明取代了傳統的水車，機械取代了人力。從此，南臺灣曬鹽灘遍地是風車的獨特景觀。更重要的是，鹽工不必再辛苦地踩踏水車汲水，不必再忍受被烈日曬脫了皮，雙腳也不必長年浸滷水浸到染上皮膚病。

「風車慶仔」43歲即告別人世，短暫的生命卻給鹽村帶來重大改變。他的3個兒子建州、建全、建興保存《工人的研究發明》和父親留下的風車老照片，在鹽田紀念活動後，悉數捐贈給「臺灣鹽博物館」，將風車的故事永遠流傳。

❖ 第 9 次成功了！人人叫他風車慶仔

陳登發後來展開風車生產事業，生產風車抽水機，還曾於1965年春天到海外拓銷。陳登發家人保留了他的護照本，記下了他曾先後前往泰國、越南的往日足跡。到今天，曬鹽村的老鹽民仍記得這位鹽村子弟「風車慶仔」。

2002 年臺灣結束 338 年曬鹽史的活動
上,陳登發的妻子(右)由兒子陳建興
一家陪同與會,並在風車造景前留影。

海濱的七股篤加國小也讓孩童踩水車,
體驗鹽工的辛苦。拍攝於 2005 年 10 月。

2002 年《臺灣曬鹽 338 年》活動,風車
發明人之子陳建興父子踩水車體驗。現
場吸引大人小孩也來踩龍骨水車。

附錄 3　林清祥：走過艱辛創業路，
　　　　 人人叫他魚丸祥仔

　　靠著真材實料與和氣待人的原則，在學甲中洲，人稱「魚丸祥仔」的林清祥（1935～2010），自幼生活困頓，放棄升學，婚後與妻子胼手胝足、咬緊牙關養育4個弟妹和自己5個子女成人，人生的路總算苦盡甘來。

　　中洲距離新頭港仔不遠。林清祥夫妻憑著「信用」和「和氣」，走過一甲子的辛酸歲月，終能在這片鹽鄉打下學甲虱目魚丸的老字號。

　　林清祥小時候跟著父親林大學習製做魚丸，同時也能掌廚「辦桌」。他17歲開加工廠，20歲靠著媒妁之言和鹽田女兒王月

林清祥伉儷騎著老式摩托車，準備出去辦桌的往日身影。

鳳成親。兩人牽手吃盡苦頭、嘗盡世間冷暖，終於熬出了頭。1951年創立食品廠，他的「祥」字標記、真材實料的虱目魚丸廣銷全臺灣。

「有認真做，原料敢下，不偷工減料，所用的虱目魚絕對新鮮，做出來的丸子也就爽口沒腥味。」魚丸祥的人生堅持是：產品要受歡迎，一定得真材實料，事業要成功，就必須和氣待人。

❖ 家境清苦，放棄升學

在家排行老大的魚丸祥仔因家境清苦，弟妹年幼，北門初中畢業後，老爸便不准他再升學。他因在校成績不賴，當時的教務主任楊鳳和一再鼓勵他繼續升學，但他心知肚明，老爸是個幹粗活的，鐵定說不通，絕不會答應他升學。他當時只好善意欺騙楊主任說：會升學。

20歲結了婚，平日除了忙著工廠的活兒，碰上好日子，還得帶著太太趕場辦酒席。有一回，夫婦倆在北門蚵寮辦宴席時。巧遇轉任蚵寮國小校長的楊鳳和。

「我說過，直上北門高中的事就包在我身上的。你父親明明不讓你再讀，你怎麼騙我說會升學？」楊鳳和又氣又惋惜地責問了他一番。

「都已經隔兩三年了……，再說，家裡沒錢，我老爸也講不通的。」魚丸祥仔再次挽絕師長的好意，繼續經營他的魚丸兼辦桌事業。

23、24歲時，魚丸祥的父母相繼去世，家庭重擔落在他夫婦

俩身上。當時，弟妹尚小，自己還陸續有了年幼的兒女。為了養育一大家子，他們夫婦倆夜以繼日的工作，早期不但沒有自己的房子，還得靠借高利貸湊學費。

雪上加霜的是，魚丸祥的父親過世前曾臥病2年，夫婦倆努力掙醫藥費，還要負擔家裡大大小小的開銷。父母過世之後，一家11口端靠著魚丸祥夫婦的雙手養家活口。「養豬、種田、賣肉樣樣做，魚丸淡季時，就忙著承包劣等的蔥頭，切塊曬乾賣錢，可是每次賣魚丸或蔥頭乾的錢，沒一會兒工夫，就全進了別人口袋裡——因為辛苦賺來的錢，很快就用在買藥、買米、繳學費，另外還要還錢，全還盡了……。」

❖ 挖東牆補西牆，20年靠借錢度日

「挖東牆、補西牆，借錢借到人家不肯借，借到人見人怕啊！這個家，有長達20多年的歲月，就靠著借錢過日子。一家人能吃上稀飯已算不錯了。糧食不足時，大人就餓一餐算一餐。」王月鳳不勝感慨的回憶著過往。

直到43歲那年，篤信五王的魚丸祥仔在神明指示下，貸款建了自己的房子。夫妻兩人更加勤奮地做魚丸、魚捲，魚丸工作之外，兩人踩著腳踏車載運炊煮傢伙趕場辦宴席，一天多則5、6場、700、800桌，拚命似的賺錢。魚丸產品也靠著兩人腳踏實地的隨著宴席「南征北討」，向外行銷，獨特的湯頭漸漸煮出了口碑。歲月流逝，弟妹和兒女們一個個長大畢業、就業了。

大約40年的努力之後，魚丸祥仔的食品廠規模趨於穩定，弟

辦桌掌勺,是林清祥伉儷忙了大半輩子的活兒。圖為2003年的畫面,傳統辦桌越來越不多見了。

林清祥太太年輕時做手工魚捲的專注神情。

老員工抬著剛製成的魚丸。

多年前林清祥（中）伉儷親自領著兒子從拌魚漿等基礎學起。魚丸一部分製程有了機械代勞，才讓這行業輕鬆了些。

妹和子女陸續成家立業，一家經濟好轉，夫婦倆才改騎機車。他們可不想開車，魚丸祥說：「老了啊！需要時，有兒子幫忙呀！」

魚丸祥直到年近八旬時，將工廠交由小兒子林義益經營。文化大學戲劇系畢業的林義益考量工廠人手不足，又不放心父母繼續操勞，決定和太太留鄉幫忙。接手後，食品廠斥資擴建，增設全自動製丸機和大型冷凍庫，老爸老媽跑外場，專辦宴席；兒子媳婦管內場，負責經營工廠。

❖ 傳統製作魚丸不輕鬆，那是鹽分地精神

從小耳濡目染，即使「半路出家」，也算個「半桶師」，林義益以現代化經營管理方式承繼老爸的行業，致力研發新產品，為傳統虱目魚力創新吃法。

養殖漁業是學甲和北門地區的重要產業，其中又以虱目魚為傳統特產，但隨著消費者的喜好日新月異，林義益不斷研發魚香腸、浦燒虱目魚肚等加工品，充分利用每一條魚的每一個部位，也力圖增加虱目魚消費量。

2004年入厝時的林清祥侷促帶著子女敬酒，臉上掛著苦盡甘來的笑容。

　　儘管經營方式和產品推陳出新，「祥」字標記講信用、重和氣的理念迄未改變。年輕夫婦也傳承著父母，逐漸適應工廠高溫如「燒烤」般的工作環境——像是攪魚漿、洗網紗、製魚捲、抬魚丸等不輕鬆的粗活，全憑著雙手和汗水步步踏實地完成——那是鹽分地上的精神傳承。

　　林清祥畢生除了忙於辦桌、製魚丸，平時與人為善，尤其熱心地方事務和參與當地中洲清佛宮廟務，在地方上頗受敬重。

　　2010年，林清祥病逝，享年75歲。他的告別式，子女為他安排大量鮮花並且選用生前參與活動時，裝扮帥氣的照片。當天，前往悼念者眾，包括中央和地方公職人員、宮廟執事人員、社區、左鄰右舍等，彰顯了他生前廣結善緣、熱心公益的付出，獲得許多人的敬重。

附錄 4　陳家旺：捍衛潟湖一漁人，大家叫他家旺伯

　　大約在 1992 年間，濱南開發案正準備在七股潟湖填海造地，興建鋼鐵、石化工廠。當時，家旺伯和許多反對濱南開發案的七股人一樣，持堅決反對的立場。他的理由很簡單：熱愛鄉土！

　　1996 年之後，家旺伯進一步出任七股海岸保護協會總幹事。此後，他誓言捍衛潟湖的熱忱未曾稍減。為了保護海岸溼地，以及他深愛的這片海仔，他搖旗吶海的形象，一直深植在許多沿海人與政治人物心中。

❖ 七股海岸的熱情推銷員

　　他，陳家旺，出生於七股山仔寮漁村，人稱「家旺伯」，一輩子從事漁業，卻也因緣際會參與了無數環保會議與陳情抗議事件。這位看似積極的社會運動者，平日裡卻是親切又有草根味的漁民。

　　「家旺伯」也可以說是潟湖美景最熱情的推銷員；最堅定與極富理性的捍衛者。「祖先留下來的飯碗，不可以砸掉，」世代捕魚為業的家旺伯，於 2001 年間，《天下雜誌》製作的「319 鄉向前行」特輯，接受訪問時，斬釘截鐵地表明心情。

❖ 毀了潟湖，阻斷了七股人生計

　　無論媒體採訪，官員造訪，或是為潟湖遊客導覽時，家旺伯

都以一貫樸實的語言推介潟湖這處西岸明珠。他就是要讓更多人知道，潟湖有多好，有多美，人們不能任意破壞。他強調，毀了潟湖，等於阻斷七股人的命脈。

家旺伯總是笑臉迎人。

佔地近 1,500 公頃的潟湖，是全臺最大的海岸溼地，隔著沙洲像海洋開著口，潮起潮退間，湧進多樣海洋生物，並且調節了淡水與海水，也濾化了魚塭排放出來的池水。

潟湖，更讓七股成為海水魚類繁殖場，七股人世世代代靠著潟湖養活一家一家的老小。

2001 年納莉颱風給臺灣帶來百年來的嚴重水災，七股等臺南沿海地區安然度過災劫。家旺伯就深信，一切拜潟湖防洪功能之賜，潟湖無疑是「臺江守護神」。

家旺伯閃現堅定的眼神，又一次說，「潟湖是臺江守護神」。他在有生之年，不斷要求政府妥善規劃國土，永續經營潟湖，以免潟湖喪失防洪功能。

❖ 潟湖是臺江守護神

位在原臺南縣最西端的七股潟湖是頂頭額汕、網仔寮汕、青山港汕等三大沙洲，及龍山、西寮等陸地圍成的內海水域。三股溪、七股溪、篤加溪等重要排水都匯流到潟湖出海，颱風來襲時，

潟湖形成一個廣達1,500公頃的天然蓄水池，成為雨水宣洩和海水倒灌緩衝區，能有效防災，讓七股人無數次逃過劫難。

由北門沙汕往南延伸到青山港汕，再到七股外海，對七股人來說，這一片海仔，也就是內海，是世代子民的生計命脈，是臺江內海留下的美麗遺跡。

知名的鄉土文化作家劉還月，曾在公共電視製作兼主持的節目「消失的臺江內海」，分享了這片土地的故事。故事的場景正是對各地遊客深具吸引力的七股潟湖，竹筏所航行的藍色公路，正是臺灣西岸臺江內海的重要遺跡。

臺灣西岸原有兩大內海，將軍溪以北到八掌溪為倒風內海，包括鹽水港、茅港尾等地都是倒風內海的汊港。將軍溪以南到二仁溪為臺江內海，包括臺南赤崁樓、永康鹽行一帶，昔日都在臺江內海。

❖ 消失的臺江內海，這片土地的故事

滄海桑田，內海逐漸陸化，倒風內海遺跡難尋，臺江內海則還有廣大潟湖留給後人。只是海岸線繼續在倒退，潟湖逐年縮小，因為黑面琵鷺才又喚起人們對生態與天然景觀的重視。

「消失的臺江內海」意義在強調土地與人民的關係，喚起大眾對土地的重視與維護。除了潟湖，劉還月還介紹阿立祖信仰、後港西拜水路傳統祭典。後港已沒有港，後人仍年年拜水路，感懷祖先。

沿海是塊赤貧之地，老天爺留給後代可以曬鹽的土地，如今

曬鹽業已經結束。人們必須省思如何找到新的立足點。沿海新興的文化景點如馬沙溝海水浴場、漁港、外海沙洲等，都是沿海最美的資產。

臺江內海最後遺跡潟湖，許多人在此奮鬥過。這裡有許多血汗交織的故事，但也正因為外海沙洲持續倒退，大自然吞噬海岸線及人為破壞而逐漸萎縮。臺江內海的故事能否帶給人們更多的啟示？

陳家旺是個篤實的漁民，由於為人熱忱，講誠信，在地方上德高望眾，人人敬稱他家旺伯。

1997年，原臺南縣300名漁民會員為保護七股潟湖及沿海生態資源，正式在七股龍山成立七股海岸保護協會。當時，擔任籌備會主委的家旺伯一番談話，揭示了他捍衛潟湖的決心。

他說，沿海擁有豐富的漁業資源與生態景觀，先民於數百年前即陸續抵達七股開墾。而今，七股海濱擁有全臺僅剩、最大的潟湖，以及自然而無人為破壞的海岸線，每年有數以萬計的候鳥來此度冬，烏魚汛也吸引全臺各地漁民到此作業。七股人更是依賴潟湖從事牡蠣養殖，或設置定置網捕魚、開闢魚塭養殖維生。

家旺伯一再宣揚自己對一片「海仔」的感念，以及捍衛這片潟湖的必要性，而這也是漁民們採取行動、組織協會的最大動力。

此後，七股海岸保護協會逐步展開解說員培訓和海岸保育課程、國內外保育團體及學術團體互訪、出版刊物等任務，一步一腳印在喚起民眾，共同珍惜臺灣最後一塊珍貴的潟湖。

❖ 潟湖通，時時流露人情味

家旺伯除了全心保護潟湖，他還是個「潟湖通」，對於潟湖的魚汛就像潮起潮落一樣精準，對於這裡的人事物，亦時時流露人情味。

尤其是這片海仔孕育的重要資源，鰻魚苗，是許多漁民的重要生計來源。每年捕鰻魚苗季節自農曆9月底、10月初展開，到了農曆春節後，捕獲虎鰻魚苗就是鰻魚苗季節要結束了。七股捕鰻苗主要地點在外海網仔寮沙洲，漁民預先向龍山漁港登記分配位置。捕鰻膠筏下網，俗稱「桁仔牽」，還有一種叫「掠港口」，即在出海口定置網捕魚苗。

捕鰻苗多在夜間作業，漁獲量少時，漁民多半在深夜就收工；大豐收時，漁民守到黎明才收網。也就是老漁民說的「天光白、好網運」，太陽剛翻出魚肚白之際，是最佳下網時機，天一亮，魚就躲藏了。曾有傳言說，捕鰻魚苗的，連白天都捕得笑呵呵。家旺伯打趣說：「漁民若真是日夜都有魚苗可抓，那豈不是賺翻了啊！」

❖ 這片海仔，沿海漁民重要漁獲場

七股潟湖稱得上臺灣西海岸難得的處女地，除了魚蝦與捕鰻苗之外，野生文蛤也是漁民相當重視的收穫。近海養殖魚塭也得要引進沒被汙染的海洋水質，才能養出高品質魚蝦。也可說，漁民都深知這片海仔不受汙染的重要性。

昔日家旺伯捍衛海岸，守護那片海仔的身影，代表的，正是無數海岸子民的共同精神。

七股潟湖膠筏之旅深受遊客喜愛。

七股海岸保育活動曾經風起雲湧。

每年前來過冬的鸕鷀是潟湖的一片風景。

參考書目

◆ 專書

吳三連口述、吳豐山撰記，《吳三連回憶錄》，臺北：自立晚報，1991年。

吳修齊，《七十回憶》，作者印行，1983年。

吳修齊，《吳修齊自傳》，臺北：遠景出版事業公司，1993年。

吳寅卯口述、吳三治撰記，《留待兒孫看：吳寅卯口述自傳》，臺南，1995年。

吳尊賢，《吳尊賢回憶錄：一位慈善企業家的成功哲學》，臺北：遠流出版，
　　1999年。

吳新榮，《震瀛回憶錄》，臺南：琅琊山房，1977年。

林金悔，《蘿蔔庄。崑岡情：將軍鄉人拾穗》，臺南：西甲文化傳習基金會，
　　2000年。

林靜宜，《誠品時光》，臺北：遠見天下文化，2017年。

涂順從，《南瀛抗日誌》，臺南：臺南縣文化局，2000年。

張復明、方俊育，《臺灣的鹽業（臺灣地理百科：98）》，臺北：遠足文化事
　　業股份有限公司，2008年。

莊素玉，《無私的開創：高清愿傳》，臺北：天下遠見出版，1999年。

許雪姬總策畫，《臺灣歷史辭典》，臺北：行政院文建會，2004年。

黃自進訪問、簡佳慧紀錄，《林金莖先生訪問紀錄》，臺北：中研院近代史研
　　究所，2003年。

黃崇雄，〈烏腳病房〉，南瀛作家作品集21《烏腳病房》，臺南：臺南縣立文
　　化中心，1996年。

蔡素芬，《鹽田兒女》，臺北：聯經出版，1995年。

謝國興，《臺南幫：一個臺灣本土企業集團的興起》，臺北：遠流出版，1999
　　年。

謝玲玉，《再紡麻袋會社：新營新生製麻廠紀事》，臺南：新營市公所，
　　2001。

謝玲玉，《南瀛鄉賢誌》，臺南：臺南縣立文化中心，1997年。

謝玲玉，《鹽分地帶藝文人物誌》，臺南：臺南縣政府，2006年。

◆ 網路資源與參考資料

左美雲，〈南縣將軍老鄉長宅變身美術館〉，《中華日報》，2008年10月8日。

江佩君，〈敦南誠品熄燈創數〉，《聯合報C7版》，2019年11月15日。

吳豐山等編，《八十春秋》，臺南：臺南紡織股份公司、環球水泥股份有限公
　　司、臺北市私立延平中學、臺南縣私立天人高級工商職業學校、私立南
　　臺工業專科學校、林口高爾夫俱樂部、吳氏宗親會吳氏讓德堂、自立晚
　　報社等，1978年。

吳惠林，〈「士紳政治」〉，《觀清湄‧映西甲——甲卷‧西甲人素描：政經人
　　物篇》，臺南：西甲文化傳習基金會，1997年。

林瑋嬪，〈「風水寶地」的出現——移民與地方再造〉，黃應貴主編，《空間與
　　文化場域：空間之意象、實踐與社會的生產》，臺北：漢學研究中心，
　　2009年，頁299-334。

林仙龍，〈「抗日烈士林崑岡及其遺族」〉，《觀清湄‧映西甲——甲卷‧西甲
　　人素描：崑岡烈士篇》，臺南：西甲文化傳習基金會，1997年。

唐福春，〈省文獻會編纂專輯，臺灣先賢先烈暫定88人〉，《聯合報第6版社
　　會觀察》，出版日期：1990年11月13日。

黃寙蘭特稿，〈臺胞抗日極壯烈‧竹篙山上染碧血〉，《聯合報3版》，1978年
　　10月24日。

蕭璽，〈「紅蘿蔔的故鄉：臺南縣濱海的磽薄之地——將軍鄉」〉，《蘿蔔庄。
　　崑岡情：將軍鄉人拾穗》，臺南：西甲文化傳習基金會，2000年。

謝進盛，〈抗日烈士林崑岡紀念館啟用〉，《聯合報C2版臺南縣新聞》，出版
　　日期：2005年7月30日。

致謝

　　本書為臺南市政府文化局委託編纂之「大臺南文化叢書第9輯——鹽分地帶歷史名人誌」專書（簡稱「鹽分地帶歷史名人誌」），採訪與撰稿過程中，承蒙許多老朋友鼎力協助。筆者尤其要向吳修齊基金會執行長陳宏田先生致意。陳宏田執行長在筆者完成「臺南幫」名人撰寫之後，一次又一次的在百忙中撥冗，聯繫相關單位及家屬就內文給予指正，並且授權提供珍貴圖片，豐富了本書內容。

　　同時要感謝統一夢公園前總經理楊明井先生、南紡公司徐美金秘書、吳三連台灣史料基金會吳文芳主任與陳義霖秘書、天仁工商職校龔玉葉董事長與王宏仁校長、方圓美術館廖小輝執行長及誠品品牌公關部蘇靖婷小姐等人的熱忱協助。「鹽田風車發明人」陳登發先生之子陳建興先生與家人，過去在臺灣曬鹽338年紀念活動中，即熱心分享與提供鹽田風車寶貴資料與老照片，他們為保存與傳承「風車慶」的故事盡心盡力，令人感佩。

　　我要感謝所有我在採訪歷程中認識的老朋友、新朋友多方面的協助，包括文稿指正及圖片授權，讓本書人物故事更為豐富，也提升了可讀性。

　　本書順利付梓，還要特別感謝審稿委員黃文博校長，在各方面提供建言與耐心指正。再一次感謝所有所有受訪者的熱心協助

與默默支持。感謝文化局承辦人員許琴梅小姐、郭錦童先生的協助！感謝我在咖啡館的朋友們，各位的溫情與包容，讓我在筆耕生活中，有了忙裡偷閒時，蓄積能量的基地。

本書封面、封底老照片與圖片說明分別見於本書內文，頁029、062、116、127、184、211，承蒙吳三連台灣史料基金會、方園美術館、南紡、龔玉葉董事長與楊明井先生慨然授權提供，為書衣增添精彩。感謝「可樂」總編與編輯團隊不辭辛勞地完成如此艱鉅的工作。筆者無限感動與由衷感謝！

作者簡介

❖ 謝玲玉

人物專訪，
一直是我十分喜愛與長年投入的工作。
每一次的訪談與交流，就像打開了一扇智慧的窗；
閱讀了一本人生故事，
有哲理、有幽默、有血淚或歡笑。
一次又一次的採訪，積累了我寫作的豐富素材；
充實了我人生的養分；有時候更是一份的療癒。
而面對在歷史上、在地方上留名的人物與過往，
寫作又是太大的挑戰！
幸而，有些人物，在人生交會中有過面對面的機緣，
而能留住新聞現場、記下值得珍藏的片段；
素未謀面的前人與往事，但求在與名人後代或是史料爬梳中，
盡力勾勒出其中的人情味與生命故事，與您分享。

❖ 謝玲玉作品包括：

《米鄉地圖：南瀛米食文化》、《臺南天主教信仰研究》、
《在晨光中，在月色裡 慢慢走：臺南‧文學‧散步》、
《典藏月津──鹽水街百年印象》、《南瀛繪畫誌》、
《鹽水港的故事上冊、下冊》、南瀛之美圖畫書系列《我家在鹽水》
《再紡麻袋會社──新營新生製麻廠紀事》、
《懷念的製糖歲月──新營糖廠紀事》……等。

大臺南文化叢書第 9 輯 03

鹽鄉與他們的世紀
鹽分地帶歷史名人誌

作　　者／謝玲玉
社　　長／林宜澐
總　　監／葉澤山
召 集 人／黃文博
審　　稿／黃文博
行政編輯／何宜芳、陳慧文、許琴梅
總 編 輯／廖志墭
執行編輯／宋繼昕
封面設計／黃祺芸
內文排版／藍天圖物宣字社

出　　版／臺南市政府文化局
　　　　　地址：永華市政中心：70801 臺南市安平區永華路 2 段 6 號 13 樓
　　　　　　　　民治市政中心：73049 臺南市新營區中正路 23 號
　　　　　電話：（06）6324453　網址：https://culture.tainan.gov.tw
　　　　　蔚藍文化出版股份有限公司
　　　　　地址：110 臺北市信義區基隆路一段 176 號 5 樓之 1
　　　　　電話：02-22431897
　　　　　臉書：https://www.facebook.com/AZUREPUBLISH/
　　　　　讀者服務信箱：azurebks@gmail.com

總 經 銷／大和書報圖書股份有限公司
　　　　　地址：24890 新北市新莊市五工五路 2 號　電話：02-8990-2588
法律顧問／眾律國際法律事務所　著作權律師／范國華律師
　　　　　電話：02-2759-5585　網站：www.zoomlaw.net

印　　刷／世和印製企業有限公司
初版一刷／ 2021 年 4 月
定　　價／新臺幣 420 元
ISBN：978-986-5504-28-1　GPN：1010901909
分類號：C075
局總號：2020-601

國家圖書館出版品預行編目（CIP）資料
鹽鄉與他們的世紀：鹽分地帶歷史名人誌／謝玲玉著 . -- 初版 . -- 臺
北市：蔚藍文化出版股份有限公司；臺南市：臺南市政府文化局，
2021.4
　面；　公分 . --（大臺南文化叢書 . 第 9 輯；3）
ISBN 978-986-5504-28-1（平裝）

1. 臺灣傳記　2. 人物志　3. 臺南市

783.36/127　　　　　　　　　　　　　　　　　109018672